GLÖM MIG

Glöm mig

Alex Schulman

Roman

www.bookmarkforlag.se

Glöm mig
Copyright © Alex Schulman 2016, 2017
Publicerad enligt avtal med Lennart Sane Agency
Utgiven av: Bookmark Förlag, Stockholm 2017
Omslag: Sigge Eklund
Tryck: ScandBook UAB, Litauen 2017
ISBN 978-91-88345-72-1

Till mina bröder Calle och Niklas,
med respekt för att detta är min historia
och att er kan vara en annan.

Den 18 juli 2013

Jag åker längs en väg som är mig mycket bekant. Det är en grusväg som dammar och spottar sten mot dikena till höger och vänster och som hela tiden vill överraska med oväntade kurvor. Men mig överraskar den inte. Jag kan allt om den här vägen. Jag åker upp för den sista backen, den som kan vara så besvärlig i kvällssolen i juli, där pappa alltid sänkte farten och koncentrerat fällde ner solskydden vid framrutan. Om bara några hundra meter är jag framme vid familjens torp i Värmland.

Bredvid mig i bilen sitter min bror Calle. Vi har suttit så här många gånger förut, i en het bil som plöjer genom sommaren, sista biten mot stugan. Det är så mycket av första dagen på semestern över den här sträckan. Vi är åtta, nio år, vi dricker varm läsk bak i bilen och vi har chipssmulor mellan låren. Vinden i pappas hår där fram när mamma vevar ner rutan för att röka. Solen mellan björkarna. Någon av oss jämrar sig: "När är vi framme?" Och någon där fram svarar: "Nu är det bara sista biten, sista backen, sen är vi där!"

Men den här gången är det annorlunda. I början av resan lyssnade vi på hög musik, Calle trummade med handen på knäna. Men ju närmare torpet vi kommer, desto mindre pratar vi med varandra. Vi kör över den lilla bäcken där vi brukade paddla kanot som barn. Det är tyst i bilen nu.

Vi vet inte så mycket. Vi vet att mamma har stängt in sig i sovrummet på torpet. Och att hon suttit där och druckit i flera dagar nu. Vi vet att något hände för tre dagar sedan. Vår bror Niklas var där med sina barn. Mamma drack och betedde sig illa och stängde in sig på rummet och Niklas tog barnen och åkte. Sedan dess har vi inte fått tag i mamma. Vi måste hämta hem henne. Vi inser båda två att om vi inte gör det så kommer hon att dricka ihjäl sig.

Vi åker på den steniga bilstigen ner mot torpet och jag förstår att detta är finalen. Det är slutet på en resa som började för över trettio år sedan och som sedan fortsatt genom barndomen och ungdomen och mitt vuxna liv, alla de där åren som gått och allt som hände. Det är som att titta på en tragedi på teatern, sista scenen, slutet av allt. Och det är så rakt igenom obegripligt att det ska ske här, på den här platsen. Detta är ground zero. Allting i mitt liv utgår från det här torpet. Trähuset tornar upp sig mellan björkarna. Den röda färgen som bränts och mörknat av solen genom åren. Vattnet ligger stilla där nere. Det är sommarens vackraste dag.

Vi kör ända fram till huset och stiger ur bilen. Det är så tyst att det nästan slår lock för öronen. Jag ser inga spår av mamma.

"Hon är väl uppe i sovrummet", säger jag.

"Ja", säger Calle. "Det kanske är bäst att jag går upp och att du är kvar här utanför."

"Det är nog bäst", säger jag.

Calle går in i hallen.

"Mamma?"

Han ropar upp i trappan. Han står kvar en stund och väntar, med blicken i golvet. Han ropar igen. Inget svar. Han går upp. Jag står kvar och blickar ut över vattnet, lyssnar på alla de välbekanta ljuden från förr. Vattenpumpen i toaletten som råmar. En mygga som närmar sig och försvinner. Svalor som skrapar med klorna mot träet när de tar sig in i och ut från boet under taknocken. Jag hör Calles steg i trappan. Den lilla knallen från sovrumsdörren när man trycker ner handtaget. Jag hör hur de pratar med varandra, dovt mummel där uppifrån. Det är ohörbart, men jag uppfattar att rösterna är lugna. Inga utbrott. Snart hör jag dem komma ner för trappan. Calle kommer ut först, vi byter en blick med varandra. Jag kan inte lista ut vad blicken betyder. Mamma kommer i morgonrock, håret åt alla håll, hon kisar i solljuset. Hon ser mig och tittar genast bort.

"Vad gör han här?" säger hon och går mot uteplatsen. Ostadiga steg. Hon slår sig ner i en av plaststolarna med ryggen vänd mot mig.

"Vi är här för att vi är oroliga för dig", säger Calle.

"Jaså", säger mamma.

Hon tänder en cigarett och tittar ut över vattenbrynet. Hon saknar uttryck. Hon är helt tom. Luften står stilla på uteplatsen, ingenting rör sig, cigarettröken ligger kvar över bordet. Myggor hänger som i osynliga trådar från himlen. Ingen säger någonting.

"Kom du nu?" säger mamma till Calle.

"Ja. Från Stockholm."

"Vad trevligt."

Mamma ler milt och skrapar bort glöden från cigaretten mot husfasaden. Kastar en blick på Svenska Dagbladet som ligger uppslagen på bordet. Tittar ut över vattnet igen.

"Vill du ha nånting? Det finns korv i kylen, tror jag", säger mamma.

"Nej, det är bra", säger Calle. "Vi har försökt ringa dig som galningar i flera dagar."

"Jaså. Jag vet inte var jag lagt telefonen."

"Vad hände med Niklas?" frågar Calle.

"Vad som hände med Niklas?"

"Han åkte härifrån och sa att ni hade bråkat."

"Jaha. Jag gjorde väl nåt fel, som vanligt."

"Han sa att du hade varit dum mot barnen."

Mamma rycker på axlarna. Hon skrattar till lite.

"Antagligen."

Det blir tyst igen. En mamma som tittar ut över vattnet och två söner med böjda nackar. Det är som det alltid har varit. Vi är trettio år gamla, vi är fem år gamla.

"Kan vi prata om dina problem?" säger Calle.

"Nej, faktiskt inte."

"Varför inte?"

"Jag förstår inte vad ni skulle ha med det att göra."

"Vi bryr oss om dig, mamma."

"Jaså", säger mamma. "Vad vänligt."

Calle suckar ljudlöst.

"Mamma. Jag tycker vi åker hem nu."

"Nej." Hon tittar ut. Hon sträcker sig efter Calles hand. Han tar emot den över bordet.

"Vill du inte ha lite korv?" säger mamma. "Det är ju en så fin kväll."

Jag tar några steg mot bordet. Jag byter en blick med

Calle igen. Jag sätter mig mitt emot mamma. Hon fimpar sin cigarett på en tallrik. Hon gör det omsorgsfullt, nästan rituellt, pickar med cigarettstumpen på det som glöder, trycker och roterar med fimpen om och om igen. Jag fingrar på en vit bordsdukshållare i plast. Tar loss den från bordsskivan och sätter på den. Om och om igen.

"Mamma, du kan inte vara kvar här", säger jag. "Det går inte. Nu går vi upp och packar din väska och så åker vi."

Mamma tittar upp mot mig. För första gången möts våra blickar.

"Dig pratar jag inte med", säger hon.

Åtta månader tidigare

Mamma är sen.

Hon skrev ett meddelande till mig för en halvtimme sedan, hon sa att hon satt på bussen. Hon borde därför ha varit här för länge sedan. Alla andra är redan på plats, hela släkten sitter tätt packad i vår hörnsoffa i vardagsrummet. Vår dotter Frances är tre dagar gammal idag. För att göra det enkelt har vi bjudit in alla släktingar samtidigt, så att de kan träffa henne. Nu sitter de där och väntar på sin tur att få hålla barnet. Byltet vandrar mellan knäna.

Amanda vinkar till sig mig i köket och säger att hon inte kan vänta på mamma längre – nu dukar hon fram kaffet. Amanda snörar upp tårtan, prasslar med papper. Placerar bullarna i en skål. Jag kan inte invända, men jag känner oro. Jag försöker ordna saker och ting så att risken för att mamma ska bli upprörd alltid är minimal. Potentiellt är det här farligt, att duka fram innan hon kommit. Jag kan spela upp scenen framför mig, när mamma kommer in och ser den halvätna tårtan. Med mamma kan jag se femton moment in i framtiden. Jag vet när hon ska bli arg redan innan hon själv vet om det.

Det ringer på dörren och jag skyndar dit.

Vi kramar varandra, jag och mamma. Den där kramen som blivit vår, där vi aldrig riktigt vidrör varandra, annat än en kindkota mot en kindkota. Den första kontrollen: Är hon full? Jag noterar att hon suger på en halstablett, och det är illavarslande, för det är så hon brukar dölja andedräkten. Jag märker att hon sminkat sig illa. Fläckar av brunkräm på hennes kinder.

"Jag kan ta rocken", säger jag.

"Jag klarar det", säger mamma.

"Ruggigt väder ute", säger jag.

"Ja, verkligen", säger hon.

Den där korta tonen.

Hon bökar med sin rock och letar efter något i sin handväska och det är tyst i några sekunder. Sedan säger hon "jaha" och rättar till håret mot hallspegeln och ger sig in i lägenheten. Jag följer efter tätt bakom henne. Mamma kommer in i vardagsrummet, någon släkting ropar "Hej, Lisette!". Mamma gör en vinkande gest som hon riktar till alla i rummet, och sätter sig ner i soffan. Mamma tittar inte åt barnets håll. Hon ger henne inte en blick.

"Vill du ha kaffe?" frågar jag.

"Gärna."

Jag sätter av mot köket. Jag måste göra det här fort, för nu är mamma ensam i vardagsrummet, jag måste se till att det inte inträffar något.

Mamma dricker kaffet. Rummet pekar mot Frances, släktingar samsas om att få hålla henne. Mamma tittar fortfarande inte åt hennes håll. Sorgen kommer plötsligt, jag kan inte förutse den. Den bara drabbar mig, så hårt att jag tystnar. Varför tittar hon inte ens åt Frances håll? Det är som om hon inte vill låtsas om att hon över huvud taget existerar.

Jag förstår inte.

Varför gör hon så?

Alla pratar men jag och mamma sitter tysta i soffan. Jag betraktar henne från sidan, ser hur hon dricker sitt kaffe. Hon får syn på gräddtårtan som Amanda ställt på bordet framför henne. Hon böjer sig fram och driver pekfingret genom tårtan. Hon slickar grädden från fingret. Jag reagerar instinktivt.

"Men vad gör du?"

"Vad?" säger mamma.

"Du kan väl inte äta tårta med händerna!"

"Fine", säger mamma. Hon reser sig och går mot ytterdörren. Snabba steg med klackskorna över parkettgolvet.

Amandas systrar och föräldrar låtsas som om de inte upp-fattat något, de fortsätter att kela med barnet, men de kelar i tystnad nu, de har hört och sett allt. Jag skyndar efter mamma. Hon står i hallen och rotar med rocken.

"Gå inte, mamma."

Hon fiskar fram ett paket cigaretter, säger "ursäkta mig" och motar undan mig och går tillbaka in i lägenheten. Jag går efter henne. Hon går ut på balkongen. Jag ser hur hon står där ute i kylan och röker. Hon tittar uttryckslöst ut över husfasaderna. Jag går ut på balkongen.

"Får jag ta en cigg av dig?" säger jag.

Hon räcker mig sitt paket röda Prince mjukpack. Amanda har tänt små ljuslyktor på balkongen och lagt fram lammskinn och filtar på stolarna, för hon vet att det är hit mamma går för att röka.

"Du behöver väl inte bli så arg", säger jag.

"Är det jag som är arg? Det känns som att jag inte kan göra nåt utan att du blir irriterad på mig."

"Men det förstår du väl att jag reagerar om du tar tårta med händerna."

"Äh", säger mamma.

Sedan står vi tysta. Jag ser att mamma bär sin röda dräkt. Den har hon bara när hon vill klä upp sig, för särskilda till-fällen. Jag känner plötsligt ömhet för henne. Hon har klätt upp sig för att komma hit. Det är viktigt för henne att vara fin idag. Det är en empati som rasar över mig, tillsammans med känslor av skuld: Är jag hård mot henne? Kanske har mamma rätt. Kanske är jag alltid irriterad på henne.

"Vill du ha en filt över dig?" frågar jag.

"Tack", säger hon.

Jag vet inte hur många gånger vi stått så där, avsides efter något utbrott, i en tystnad som utgör hela försoningen. Jag är mycket skicklig på det här. Jag är dålig på att reparera relationen, men jag är bra på att reparera situationen. Vi står på balkongen och röker, ingen hör oss, alla är upptagna där inne. Det här skulle kunna ha blivit starten för ett riktigt samtal. Men vi säger ingenting. Ordlöst bestämmer vi oss för att inte prata mer om saken. Vi lagar oss själva så att vi håller en liten stund till. Vi tar ytterligare en cigarett. Vi småpratar lite försiktigt om obetydliga saker. Något som hände i På spåret igår.

"Kom, nu går vi in", säger jag sedan.

"Jaha", säger mamma.

Vi sätter oss i soffan igen. Jag frågar om hon vill ha lite tårta och hon tackar nej.

Någon timme senare tar vi farväl av den sista gästen. "Det där gick ju ganska bra", säger jag till Amanda när vi plockar undan disken.

Samma kväll bryter jag ihop i Amandas famn. Jag gråter och gråter. Jag sätts ur spel. Jag ligger i sängen och koncentrerar mig på att andas. Jag ligger där i flera dagar. Det tar många veckor innan jag förstår vad allt det här handlar om. Den där fasan. Mamma i soffan som tittar bort, som demonstrativt vänder bort blicken från Frances. Det var något som gick sönder i mig där. Jag har sett det beteendet så många gånger förut hos mamma, men då var det mig hon inte ville se. Det är min barndom. Och nu hände det igen, med Frances.

Där är katastrofen.

Det får inte hända igen.

Jag inser att jag inte har något val. Jag måste stoppa det här. Inte för mammas skull, utan för min.

"Femton sekunder!"

Vaktmästaren på teatern står vid sidan av scenen och tittar på mig med stora ögon. Han är skärrad av att se mig på det här sättet. Jag ligger på scengolvet, precis bakom ridån. Jag har hamnat på sidan, med armen som huvudkudde. Här kan jag inte ligga. Jag vet att jag måste resa mig. Krister Henrikssons berättarröst mullrar under introduktionsfilmen, jag kan den ord för ord.

"Upp nu, Alex!" väser vaktmästaren.

Han har rätt, jag måste upp, för det är bara sekunder innan filmen är slut och ridån går upp. Men jag vet inte om jag klarar det, jag kan inte andas, det är som att jag inte får luft.

"Fem sekunder!"

Jag gör en slutgiltig ansträngning. Jag reser mig först på alla fyra, och sedan ställer jag mig upp på ostadiga ben. Ridån går upp och så alla strålkastare i ansiktet och långt, långt där framme, längst fram på scenen i mitten, finns en sittpall. Jag har tagit fram den som en nödlösning eftersom jag insett att benen inte bär mig. Det är sju steg dit, det vet jag. Jag räknar dem i huvudet när jag vacklar framåt. Sju steg och sedan ska belöningen komma – jag ska inte behöva stå på de svaga benen längre. När jag satt mig till rätta så sjunker pulsen äntligen. Jag kan gå in i manus och när jag måste fokusera på något så försvinner skräcken. Jag mår bättre nu, men faran är inte över. Så fort jag inte har repliker, så fort jag tillåter världen att komma in igen, skenar pulsen. När jag visar en film på duken och står där på scenen och låtsas titta på den, då kommer allt tillbaka. Publiken skrattar och jag står bredvid och kippar efter luft. Sedan dyker jag in i manus igen och allt lugnar sig. Hatar pauserna. Publikens skratt och applåder skapar livsfarliga uppehåll i mina leveranser, det gör att ångesten kommer tillbaka.

Efter föreställningen.

Jag sätter mig i bilen. Istället för att åka rakt fram på Karlavägen tar jag höger på Sturegatan. Jag tar en liten tur. Bilen är numera den enda platsen där jag känner mig helt fredad. Bilkörandet sysselsätter mig på sådant sätt att panikångesten inte får fäste.

Att den där stunden i vardagsrumssoffan kunde påverka mig så starkt. Jag har aldrig känt mig på det här sättet förut. Det är som att jag lever vid sidan av livet, utanför mig själv. Jag blir skärrad ofta, får puls och måste lugna mig. Jag klarar inte av höga ljud. I sällskap större än fyra personer måste jag då och då gå in på toaletten och stå där och andas en stund. Jag har med mig piller som jag ska stoppa i mig när hjärtat börjar slå. Ibland hjälper det, ibland inte. Det enda som jag vet fungerar är att sitta i den här bilen. Jag brukar åka ut mot Uppsala eller ner mot Nynäshamn. Långa bilfärder precis när det börjar skymma.

Jag korsar Valhallavägen och åker förbi Stockholms Stadion, ner mot Värtahamnen. Jag ringer till Amanda och säger att jag blir lite sen.

"Hur mår du?" frågar hon.

"Det är som vanligt. Kanske lite värre än vanligt."

Hon säger att hon går och lägger sig. "När du kommer hem kan du bocka av ytterligare en show", säger hon. Hon har ritat en rad små kvadrater på ett papper och satt upp på kylskåpet. Varje ruta motsvarar en föreställning och när jag kryssat i allihop så är jag färdig och behöver inte utsätta mig för scenen mer.

Jag åker ut på Lidingöbron och tar genast till vänster, ut mot Bosön. Asfalten blir smalare, skog på båda sidor. Det är skymning över landsvägen. Det är den där timmen ute när allting blir blått.

Det är något med bilar som slungar mig tillbaka i tiden.

Jag vet inte om det är för att ljuden förblivit desamma. Samma motorljud. Samma ljud av däck mot asfalt, samma smatter när regnet slår mot rutan, samma gnissel från vindrutetorkarna. Och utanför en landsväg och en skog som lika gärna kunde vara utanför torpet i Värmland. Jag minns när familjen åkte karavan i barndomen, till och från torpet. Mamma i sin Volvo 960 och pappa i sin vita Renault. Två punkter på vägen som hörde samman.

Mamma och pappa delade upp oss barn i de olika bilarna. Alla tre ville åka med mamma. Det är så främmande att tänka på nu, men alldeles sant: vi valde alltid mamma före pappa där i början. Varje gång. Att sitta i pappas bil var i någon mån förenat med fara. Han växlade illa och rusade motorn i sin lilla bil och när han skulle ordna med mottagningen på radion så förlorade han kontrollen över bilen som kunde skena över till andra körfältet. En säkring hade gått så när han använde sin blinker tickade den ursnabbt. Det skapade en nästan hysterisk stämning i bilen, som om vi alltid hade mycket bråttom. Vilket vi också hade. Pappa hade alltid bråttom. Han körde alltid med nerverna utanpå. När någon gjorde en farlig omkörning kunde han förlora besinningen helt och skrika för full hals.

"Satan! Jävla idiot!"

Ofta blev han så arg på vårdslösheten att han satte fart

efter galningen, för att visa att så där kör man inte om. Sedan låg han bakom, alldeles för nära, och gav helljus på helljus. Och så körde han om och i omkörningen stirrade han på galningen och pekade mot sin tinning, länge, över sin egen axel, jag minns hans stora ögon och pekfingret som hamrade hårt mot tinningen.

Mamma körde automatväxlat och det luktade läder och läppstift i hennes bil. När hon körde så kändes det som att hon var ett med bilen. Jag minns ljudet av ratt mot handflata när hon mjukt släppte taget och lät bilen räta ut sig själv efter en tvär kurva. Jag minns hennes vana, återkommande blickar i backspeglarna. Hur hon kunde navigera värmespakarna och fläktarna och radion utan att släppa vägen med blicken. Hon var så lugn och metodisk. Vi behövde inte ha bilbälten. Men när mamma gjorde en farlig omkörning så höll hon en hand över min bröstkorg, för att skydda mig om vi skulle krocka.

Med pappa var det annorlunda. Alltid denna hets över tiden, det var långt till torpet och han ville komma fram i tid. Korta stopp på Esso i Arboga, mamma fick tanka bilarna medan pappa sprang in och köpte en kaffe och Dextrosol, och sedan snabbt tillbaka till bilen. Pappa tittade alltid på klockan när vi kom ut på vägen igen. "Bra, vi förlorade bara sju minuter."

Mamma var på ett sätt mer nyfiken än pappa. Åtminstone då, där i början. På en av de här resorna till torpet fick jag åka ensam med mamma och mina bröder åkte bakom oss med pappa. Jag var nio år. Vi körde genom Karlskoga och plötsligt såg mamma en mäklarskylt längs vägen. En gård var till salu lite längre bort.

"Ska vi åka dit och titta?" sa mamma till mig. Det var svårt att ta in förslaget. Svårt att förstå om hon menade allvar eller inte, för jag visste ju hur reaktionen skulle bli där bakom oss. Det skulle bli kaos. Mamma svängde av. Det här var före mobiltelefonernas tid. Men pappa hittade sätt att kommunicera sitt missnöje på. Hans vilda helljus bakom oss, det var signaler från en man i panik. Jag vände mig om, såg hans förfärade ansikte. Mamma körde vidare, pappa började tuta, först försiktigt, så där när man bara slår till ratten, och sedan allt längre, olyckliga tjut från bilen där bak när vi åkte djupare och djupare in i skogen. Vi kom fram till gården och parkerade vid uppfarten. Pappa klev ur bilen och med snabba steg var han framme vid vår. Han ryckte upp mammas bildörr.

"Vad i helvete håller du på med?"

"Jag ville titta på den här gården."

"Men för fan i helvete! Det tar ju en extra halvtimme för oss!"

"Men, Allan …"

"Det kommer snart bli mörkt!" Pappa skrek nu. "Jag kan inte köra i mörker!"

"Du behöver inte bli så himla arg."

Pappa tystnade. Han tittade ut över ängen intill gården. Och så sa han sammanbitet:

"Kom, nu åker vi."

"Kan vi inte titta lite på gården?"

"Under inga villkors vis! Vi måste åka nu, om vi ska komma fram i tid."

Pappa gick tillbaka till bilen och satte sig. Mamma tittade med tom blick ner i ratten. Och sedan startade hon motorn.

Jag minns när vi svängde ut från gårdsplanen. Minns varenda sekund. Minns hur solen lyste genom björkarna, minns ljudet av däcken mot grusgången. Jag förstod inte vidden av den förnedring pappa hade utsatt mamma för, men jag förstod att något hade hänt.

"Gården såg fin ut", sa jag.

"Jag vet, älskling."

Hennes hand på växelspaken. Jag tittade på den en stund. Sedan lade jag min hand på hennes. "Puss gubbe", sa mamma. Hon tog min hand och viftade med den som en vimpel.

Vi åkte tillbaka ut mot motorvägen.

"Är du ledsen?" frågade jag.

"Nej då, det går bra", svarade mamma.

Hennes ögon blev glansiga. Hon torkade sig med skjort-
ärmen. Vi åkte vidare.

Pappa ramade in sitt och familjens liv i ett minutbase-
rat schema. Det fanns hållpunkter för allt. Hade pappa
bestämt att maten skulle serveras klockan sex, så var det
viktigt att det blev så också. Klockan fem över sex kunde
pappa komma in i köket och försiktigt säga: "Jaha?" För
högtidsdagar som midsommarafton och julafton hade
han till och med skrivit ner de exakta tiderna för dagen på
en lapp som han bar i bröstfickan.

Pappa arbetade som teveproducent och verkade i teve-
studiomiljöer som var beroende av att man höll tiden, in
i minsta sekund. Varje gång jag fick komma med honom
till jobbet så utgick all verksamhet från ett körschema
som pappa hade i handen, ett dokument med exakta
tidsangivelser för de olika inslagen. Körschemat var Bi-
beln. Jag minns tevekvällarna i barndomen. Vi tittade på
Nöjesmaskinen tillsammans. Vinjetten gick igång och
genast tog ett musiknummer vid. Pappa började skruva
på sig efter bara en minut. Efter två minuter skrek han, i
raseri: "Det är för långt!" Mamma nickade stilla, instäm-

mande. Under hela min barndom, pappa sitter sammanbiten i fåtöljen och till slut ropar han: "Det är för långt!" Han kunde inte rå för det, han hade det inbyggt i sig, den här känslan för exakt när något drar över tiden. Och det där bar han med sig in i familjelivet. När vi gjorde saker tillsammans kunde vi alla känna av hans stress. Vi satt på restaurang, vi hade ätit upp maten. Vi frågade mamma och pappa om vi fick en läsk till och mamma svarade: "Det är klart ni får." Pappa tittade oroligt på klockan. Han sa ingenting, men inne i honom skrek en röst: "Det är för långt!"

Mina första minnen av bråk mellan mina föräldrar handlade nästan alltid om detta. Mamma kände sig som en fånge inuti pappas schema och när hon gjorde försök att bryta sig loss från det så svarade pappa med raseri. De här utbrottsförsöken var många.

Lite senare under samma resa, mamma och jag i en av bilarna på väg till torpet. Vi började närma oss. Vi lyssnade på musik i bilen. Bara några mil från avfarten till Gustavsfors fanns en genväg genom skogen. Den var kortare geografiskt, men den gick långsammare. Pappa visste, för han hade uppmätt båda sträckorna noga med tidtagarur. Skogsvägen tar flera minuter längre tid och är därför inget alternativ.

När vi kom fram till avfarten, så tittade mamma snabbt i backspegeln och gjorde en snabb gir till höger vid skylten mot Gustav Adolf. Pappa hann inte reagera. Jag vände mig om, såg hans förvridna ansikte, blandningen av vrede och förtvivlan när han körde vidare på den vanliga vägen till torpet. Utbrytningsförsöket hade lyckats, i alla fall tillfälligt. Vi var nu på äventyr, bara jag och mamma, på en liten grusväg som plöjde genom den värmländska skogen. Vi vevade ner fönsterrutorna och ett tvärdrag av sommar gick genom bilen. Varje gång mamma såg en backe framför sig sa hon åt mig att blunda, och så ökade hon farten så att jag skulle känna hur det kittlade i magen.

Vi fick ett stenskott, men det hände ingenting. Ingen skrek, ingen svor, ingen tvärnitade med bilen och sprang ut för att kontrollera märket. Mamma lutade sig bara framåt en halv decimeter och tittade på fönsterrutan, och sedan var det inte mer med det. Det var som om det försvann ur hennes system. Vi åkte djupt in i skogen, träden blev högre, tätare. Det var mitt på dagen, men allt mörknade. Grusvägen smalnade till en sträng. Men så plötsligt öppnade sig allt, det låg ett par hus längs grusvägen och sedan ett par större hus och till sist en mäktig träkyrka uppe på en sluttning. Mamma stannade på parkeringen till kyrkan. Hon stängde av motorn. Vi tittade på varandra och utbytte någon fnissning. Vi kände båda kittlingen blandad med skräcken över att leva på lånad tid; någonstans på andra sidan skogen fanns pappa, på jakt efter sekunder och minuter. Om han visste att vi nu hade stannat bilen, att vi hade avbrutit resan och påbörjat detta läckage av tid, så hade han blivit rasande. Vi visste också båda hur stor hans vrede skulle bli när vi väl kom hem.

Mamma öppnade pappas kylväska i bagaget. Här fanns smör och mjölk och andra kylvaror från Stockholm, noga paketerade med gulnade kylblock så att de skulle hålla hela vägen till torpet. Mamma plockade upp en kexchoklad.

"Nu ska jag visa den vackraste platsen på jorden", sa hon och vi gick upp för sluttningen mot kyrkan. Kortklippt gräs, gravar i jämna rader. Höga gravstenar, som om bara dignitärer vilade där. Vi tittade snabbt in i kyrkan. Den var verkligen märklig i sin mäktighet – flera hundra platser för en by med sammanlagt åtta hus. Längst fram vid altaret hängde Jesus i trä. Några psalmnummer på en tavla som någon lämnat kvar sedan senaste predikan. "Kom", sa mamma och vände ut bakom kyrkan. "Titta", sa hon och pekade ut. Vi stod i början av en grässluttning som lutade sig hela vägen ner till en sjö hundra meter bort. Vi satte oss i gräset.

"Är det inte vackert?" sa mamma.

"Jo", sa jag.

Det var bara jag och mamma. Ingen av de andra bröderna fick vara med. Solen tittade fram, det var så fint när sjön började glittra mellan träden. Det susade i trädkronorna.

Jag minns allt.

Jag minns hur mamma bröt av en bit av kexchokladen mot gräset och räckte över till mig. Jag minns att hon lade sig ner på rygg i solskenet, och jag lade mig med huvudet mot hennes mage. Där låg vi som bokstaven T på en grässluttning vid Gustav Adolfs kyrka. Vi sa just ingenting, eller jag menar: ingen av oss sa några avgörande saker. Och ändå minns jag allt. Varenda blick, vartenda leende. Det är bara jag och mamma. Vi ligger på lånad tid i eftermiddagssolen och äter kexchoklad bakom en kyrka.

"Jag älskar dig, gubbe."

"Jag älskar dig", svarade jag.

Det är ett litet minne.

Det lilla minnet är viktigt. För det är så många saker som hänt under åren, och det är lätt att tro att allt varit mörkt mellan mig och min mamma, alltid. Men så är det inte. Det fanns en tid när jag valde mamma framför pappa. Jag försöker minnas när det ändrades.

Några år senare, återigen första dagen på semestern.

Båda bilarna är packade till bristningsgränsen nere på Farsta Torg. Vi ska precis åka och jag och mina två bröder positionerar oss vid pappas bil, redo att kasta oss in när han låser upp. Pappa kommer fram till oss, han ser så olycklig ut.

"Nån måste åka med mamma", säger han.

Vi säger att vi inte vill åka med henne. Vi håller oss alla nära pappas bil, vi är rädda att pappa ska välja ut någon av oss och beordra honom till mamma.

Pappa sätter sig på huk.

"Det är inte snällt mot mamma. Hon kommer bli så ledsen. Kan inte nån av er bara springa bort till henne. Vi ses ju om några timmar."

Jag tittar bort mot mammas bil. Hon sitter vid förarsätet och röker en cigarett. Jag minns att jag känner dåligt samvete mot mamma, jag känner mig elak. Men känslan är inte starkare än motviljan mot att åka i hennes bil. Jag trycker mig mot pappas bil. Håller hårt i dörrhandtaget. Det blir Calle som går.

"Tack älskling", säger pappa.

Jag ser siluetterna av mammas och Calles huvuden på väg till Värmland. Jag åker tätt bakom dem med pappa och Niklas. Det finns en obehagskänsla här, men framför allt är jag glad: jag slipper mamma.

Hur hände det här?
När hände det?

Jag vänder med bilen och kör samma väg tillbaka, över Lidingöbron och sedan är jag på Östermalm igen. Jag kommer hem till en nedsläckt lägenhet. Jag lägger ljudlöst nycklarna på bordet i hallen och när jag går till badrummet för att borsta tänderna väljer jag de stumma plankorna i parketten. Det här är jag bra på, jag är en mohikan, det sitter i muskelminnet; det ska vara tyst i huset. Jag lägger mig i sängen bredvid Amanda och barnen. Jag hör hur andningen börjar igen. Det kommer tillbaka. Jag lyfter försiktigt upp Frances och lägger henne på mitt bröst. Hon vrider på sig och blir lite irriterad, men somnar om över min bröstkorg. Jag försöker hitta hennes andetag, så att jag kan landa min andning i dem. Jag vet inte riktigt om det fungerar. Det känns inte bra. Det känns som att jag utnyttjar henne.

Jag ringer till behandlingshemmet, en automatisk kvinnoröst tackar för samtalet och placerar mig i telefonkö. Hon lovar att någon kommer att svara så fort som möjligt. De spelar Elton Johns "I'm still standing" medan jag väntar. Jag är hela tiden nära att lägga på – bara idén att prata med någon annan människa om mammas drickande känns omöjlig. Det bär emot rent fysiskt. Men det finns en motkraft, som är ännu starkare antar jag, som gör att jag ändå sitter kvar här och lyssnar på Elton John: det är drömmen om att allt ska bli som det en gång var.

Det är drömmen om mamma.

Jag kan blunda och minnas min tidiga barndom och hur jag och min mamma älskar varandra. Från att jag föddes tills att jag var fem år, det var den bästa tiden i mitt liv. Jag vill tillbaka dit.

Jag är bara några år gammal. Jag vaknar av en mardröm och mamma kommer och hämtar mig. Jag gråter så jag skakar, mamma hämtar en filt och glass i frysen. Jag får vara uppe vid teven och äta av mammas jordnötter. Var är pappa? Jag vet inte, han kanske sover. Det är bara jag och mamma där. Vi går och lägger oss sedan igen. Mamma sjunger "Trollmors vaggsång" för mig och varje gång hon säger "buff" så trycker hon till mig i magen, så att jag kiknar av skratt. Det är min mamma.

En förfärlig storm, vi är på semester i ett annat land, kan det vara Spanien? Vi har stora panoramafönster ut mot ett hav. Fönstren bågnar i vinden, pappa vankar av och an i rummet, han telefonerar vilt och pratar oroligt på sin brutna engelska, för han är rädd att fönstren ska blåsa sönder. Vinden låter förfärligt, jag är rädd och mamma struntar i allt annat och bär mig till soffan och så ligger hon där med mig och håller om mig. Vi ligger länge där. Hon lägger sina händer över mina öron, så att jag inte ska bli så rädd för ljudet. Det är min mamma.

Jag ska sova en kväll. Mamma drar ner rullgardinen och tänder en lampa och stoppar om mig på alla håll, som en mumie. Jag säger att jag inte vill att hon ska gå, och hon ler och lägger sig ner med mig i sängen. Vi ligger och tittar varandra i ögonen och försiktigt gnuggar hon sin näsa mot min. Jag säger "mmm" varje gång hennes näsa vidrör min och mamma svarar "mmm". Vi ligger där länge, jag ser rakt in i hennes bruna ögon och hon i mina.

"Lilla gubben Alexander", viskar mamma.

Jag blundar och känner hur hon stryker sin hand genom mitt hår.

"Lilla gubben Alexander."

Hon säger det om och om igen, tusen gånger kanske, tills jag somnar.

Jag minns att jag ville vara nära mamma, jag ville hela tiden känna henne någonstans mot min kropp. Jag ligger på rygg på hennes mage och blundar. Det trygga: att hon ligger där under mig, jag vet att hon inte försvinner. Mamma kliar mig i huvudet med sina långa naglar, hon säger hela tiden under min barndom: "Lilla gubben Alexander. Lilla gubben Alexander." Om och om igen. Mamma kallade mig "lilla gubben Alexander" så ofta att min storebror Niklas trodde att det var mitt namn. När han ville ha min uppmärksamhet så ropade han på mig – "Puppentander!" – hans egen version av mammas "lilla gubben Alexander". I plötsliga ömsinta utfall på senare år, präglade av riktig kärlek, påminner mamma mig om den här tiden. Hon lägger en hand på min arm och hon tittar på mig och ler och säger: "Puppentander." Det är lika hisnande varje gång, det där lilla ordet som spänner en båge över trettio år, och slungar mig tillbaka. Det är så främmande, att det fanns en tid när jag låg där och blundade på hennes mage. Men det har hänt. Jag vet det. Det fanns en tid när det glödde i våra bröstkorgar för att vi älskade varandra så mycket.

Puppentander.

Det är den mamman jag vill ha tillbaka. Det är därför jag hänger kvar i telefonkön, trots att det har gått tio minuter. Till sist är det en man som svarar. Jag berättar för honom att min mamma dricker och att jag måste få henne att sluta, men jag vet inte hur jag ska bära mig åt. Mannen är vänlig och metodisk, han ställer en rad frågor. För varje svar jag ger gör han en paus, som om han antecknar det jag säger.

"Hur gammal är hon?"

"61 år."

"Bortsett från drickandet, är hon sjuk på något sätt?"

"Inte vad jag vet."

"Hur ofta dricker hon?"

"Varje dag skulle jag tro."

"Hur länge har hon druckit?"

"Tio år. Femton, kanske."

Det är en lögn.

Så stark är den alltså, instinkten om att mammas drickande måste förbli hemlig, att jag ljuger till och med för det behandlingshem jag vill placera henne i.

Om jag tänker efter så vet jag ju att mamma har druckit åtminstone sedan 1983. Det var då vi gjorde upptäckten. Vi tre bröder lekte kurragömma i vår lägenhet och jag gömde mig i mammas klädgarderob och jag stod där i mörkret och lyssnade efter mina bröders ljud när jag snubblade till över något på golvet och föll. De klirrande ljuden avslöjade min position och snabbt var mina bröder framme och slet upp dörren. De drog undan raden av klänningar och dresser och såg mig sitta i ett hav av tomma vinflaskor. Vi såg på tomglasen med stora ögon. Hur många kunde det ha varit? Femton stycken? Tjugo? Upptäckten gjorde oss upprymda. På Systembolaget fick man en krona i pant per flaska – tjugo flaskor gav tjugo kronor. Vi sprang till Systembolaget och sedan köpte vi tuggummi för pengarna.

Ett par gånger i veckan vittjade vi i smyg mammas garderob efter nya flaskor. Vi lärde oss allt om pantsystemet. Endast flaskor som det stod "AB Vin&Sprit" på gav pant, de importerade flaskorna lämnade vi kvar. Det var ett fiffigt system som gynnade alla inblandade. Mamma smugglade in flaskorna i hemmet och drack dem – vi smugglade ut dem och pantade dem. En terrorbalans som byggde på ömsesidig diskretion av alla inblandade. Vi sa aldrig ett ord varken till mamma eller pappa om tomflaskorna. Och mamma, som ju rimligtvis måste noterat att flaskorna försvann från gömstället, tog inte heller upp det. Det var så det började, nästan som att det fanns i våra gener, en medvetenhet om att mammas drickande ska hållas diskret. Det här ska ingen annan än vi veta om. Inte ens pappa.

Mammas beteende förändrades, men jag kan inte riktigt säga när det hände. Förskjutningen ägde rum nästan omärkligt.

När jag kom in i vardagsrummet där mamma tittade på teve, hennes snabba rörelse, hur hon genast gömde vinglaset mellan två travar böcker i bokhyllan bakom sig. Smidigt och elegant – men jag noterade det alltid, och kommenterade det aldrig. Små signaler som jag inte riktigt kunde tyda. Men jag visste att de hade betydelse.

Jag samlade information.

Sen kväll, jag får vara uppe. Mamma och pappa äter "supé", de kallar det alltid så, med mortadella och ungersk picksalami. Iskall vodka, frost på nubbeglasen, ytspänning som gör att drycken dallrar. Mamma sveper sitt glas och sträcker sig genast efter flaskan. "En liten sup till", mumlar hon muntert. Pappa tittar på henne. "Är inte det onödigt?" säger han. Tystnad runt bordet när mamma ändå häller upp. Jag sitter någonstans i närheten och hör allt. Jag vet inte vad det betyder, men jag registrerar noga, informationen kan vara bra att ha.

Jag förstår allt.

Jag förstår ingenting.

Små, små tecken. Mamma tar stöd en gång mot väggen i korridoren när hon ska gå till köket. Jag ser henne när hon tittar på teve i vardagsrummet, hur hon askar bredvid askkoppen utan att märka det. Hon ligger på sitt rum en eftermiddag för att vila och jag hör ljuden av flaska mot flaska där inne. Hon drar mig till sig en kväll och kliar mig på ryggen under pyjamasen och jag vill inte så jag drar mig undan och mamma blir plötsligt vred: "Du slipper!" Jag ångrar mig, för jag vill inte göra mamma arg. Jag går försiktigt tillbaka, ställer mig till hennes förfogande. "Mamma ...", säger jag. Men hon stirrar bara stint in i teven. Jag står där en stund och vet inte vad jag ska göra. Mammas blick in i teven.

Hela spelplanen förändrades. Allting blev osäkert. Den här övergångsfasen var förvirrande, för allt som jag lärt mig om vad det är att vara ett barn i den här familjen gällde plötsligt inte längre. Jag förstod långsamt att den mamma jag en gång hade inte riktigt fanns kvar. Jag hade en ny mamma och hennes tålamod med mig var nästan alltid slut. Det här nya beteendet var förunderligt för oss

43

bröder. Vi lärde oss det, men vi förstod inte. Det fanns ingen som sa till oss barn att mamma var sjuk, ingen som förklarade varför och på vilket sätt. Och framför allt fanns det ingen pappa som sa till oss: "Det är inte ert fel, barn. Ni har ingenting med det här att göra." Ingen pappa som sa: "Mamma är sjuk, men vet ni vad? Jag har en plan. Jag kommer att fixa det här."

Istället tog mammas nya beteende bara plats, gradvis blev det en del av livet. Och frågorna hängde i luften.

Jag minns hur mamma brukade skoja med oss om kvällarna när vi skulle gå och lägga oss. "Bums bus bas i säng!" ropade hon från vardagsrummet. Och när vi inte gjorde som hon ville så satte hon av efter oss, "nej nu jäklar", hon låtsades vara ursinnig. "När jag får tag på er, då ska ni få!" Vi var tre pyjamaspojkar på flykt genom lägenheten, vi skrattade så vi tjöt. Men det förändrades. En kväll sa hon åt oss att borsta tänderna och jag svarade med spelad trotsighet att vi inte ville. Förväntansfull och pirrig inväntade jag hennes utbrott, hennes: "Nej nu jäklar!" Istället tittade hon på mig på ett nytt sätt. "Skit i det då", sa hon och gick. Jag funderade på den där blicken sedan. Vad var det för blick? Det var som om hon kände avsmak för oss.

Mamma blev sjuk allt oftare. Jag fann det oförklarligt, dörren till mammas rum var plötsligt stängd och hon kom inte ut på flera dagar. "Mamma är dålig", viskade alltid pappa då. Vi fick aldrig veta på vilket sätt mamma var dålig, bara att hon låg där inne och att vi inte skulle störa henne. "Vi ska försöka vara lite tysta så att hon får sova", viskade pappa. Hon kom ut ibland för att gå på toaletten. Hennes öppna morgonrock och håret på ända. "Hej mamma", sa jag. Ibland mumlade hon något till svar, andra gånger svarade hon inte alls. Hon passerade mig bara. Då förstod jag att mamma måste vara riktigt sjuk.

Om mamma var dålig övervakades våra aktiviteter noga av pappa. När vi lekte högljutt kom pappa rusande genom korridoren. Han ställde sig i dörröppningen till vårt rum och såg olycklig ut. "Ni måste försöka vara tysta." Mamma hade börjat få sina utbrott och pappa gjorde allt för att inte vi skulle utsättas för dem. Jag minns känslan de första gångerna det hände. Vi busade vilt eller någon av oss bröder blev ovän med en annan och började gråta, och då hände det. Dörren till mammas sovrum flög upp och hon skrek på ett nytt sätt. Jag var inte rädd till en början, men kanske konfunderad. Det var en ny mamma som låg och sov där inne.

Vi lärde oss att bo under samma tak som hon. Vi vande oss vid att leka mycket tyst. Och vi lärde oss alla ljuden från mammas sovrum. Om någon av oss bröder gjorde sig skyldig till en klumpighet så att något föll i golvet, så stelnade vi alla till och lyssnade bort mot sovrummet. Ljuden av mammas fötter som landade i golvet. De bestämda stegen, hälar mot parkettgolvet och sedan satte hon fart mot oss, skallret av två glas som slog mot varandra i vitrinskåpet i hallen och så stod hon där i dörröppningen. "Kan det inte få vara tyst en enda liten minut i det här huset?" Hon väntade sällan på svar, utan smällde igen dörren och gick in till sitt rum igen.

När vi var barn sov vi alla tre bröder i samma rum. Vi låg i våra sängar och läste böcker, och väntade på den givna signalen för att släcka för kvällen: att mamma stack in huvudet och sa "good bajs, boys". Och vi svarade alltid "good bajs" och sträckte oss efter lampknapparna. Det blev som en tradition, vi släckte inte lampan förrän mamma hade kommit. Men det där förändrades. När vi hörde hennes steg ute i hallen släckte vi snabbt lampan och låtsades sova.

Det var en förskjutning. Vi hade blivit rädda för vår mamma. Det är svårt att säga när i tiden den inträffade, eftersom den ägde rum under så många års tid. Jag minns min tidiga barndom som ljus. Sedan följde ett par år då jag inte riktigt förstod vad som hände. Och sedan kom

mörkret. Så när jag säger till terapeuten på behandlings-
hemmet att mamma druckit i tio år så är det långt ifrån
sanningen. Mamma har druckit i trettio år. Kanske ännu
längre än så.

Terapeuten säger till mig att det är bra att jag tagit kon-
takt med dem och att de ska försöka hjälpa till. Han an-
vänder uttrycket "hålla dig i handen" och jag tycker om
när han säger det.

"Har du någon gång tidigare pratat med din mamma
om hennes drickande?"

"Nej."

"Det första steget i den här konfrontationen blir att få
din mamma att acceptera att hon har problem med alko-
hol. Det är det absolut viktigaste. Om hon inte erkänner
det så kommer vi ingenstans."

"När är det ett bra läge att göra det?"

"Så fort som möjligt."

"Ja, det är klart", säger jag.

"Varje dag som hon dricker innebär att hennes kropp
bryts ner ytterligare. Det har redan pågått i tio eller fem-
ton år. Det är väldigt lång tid. Jag tycker du ska ringa
henne på en gång och stämma träff med henne."

Vi lägger på luren. Jag tar omedelbart fram mammas
nummer och ringer henne, jag gör det i farten utan att

tänka, jag vill utnyttja skjutsen från det här samtalet. Mamma svarar och jag föreslår att vi ska ses och hon säger "gärna". Imorgon eftermiddag blir bra. Hon låter glad.

Jag är fylld av känslor efteråt. Det pirrar i bröstet och magen, dels av rädsla för att jag står inför en konfrontation som jag kanske inte är redo för. Men här finns också något kittlande, en känsla av att jag står på tröskeln till något stort och viktigt: jag ska få tillbaka min mamma.

Ibland kan jag se att mamma är på dåligt humör på femtio meters håll, det är något med hennes mun som öppnar sig till hälften som om hon uttryckte ett äckel över att befinna sig i en värld med andra människor. Hennes psyke är i uppror och hon maskerar sig illa. De gångerna spelar det ingen roll vad man säger, hon dödar varje försök till samtal. Men nu ser jag det redan när hon korsar övergångsstället på Nybroplan, att det här är en bra dag. Hon vinkar mot mig och ler och jag tar några steg för att hjälpa henne över snöslasket som samlat sig vid trottoarkanten.

"Hej du", säger hon.

Hon är sval och neutral och det är bra. Vi bestämmer oss för att ta en promenad runt Djurgården. Jag tänker att det är enklare att gå, för då behöver vi inte ha ögonkontakt. Då kan vi prata med blickarna ner i asfalten. Vi går Strandvägen, bort mot Djurgårdsbron. Jag har bestämt mig för att konfrontera henne när vi väl kommit ut på Djurgården. Det är fortfarande en gåta för mig hur det här ska gå till. Jag har försökt spela upp samtalet för mig själv innan, men känslan är märklig. Det är som att jag blir illamående, att jag vill kräkas, för det här går emot allt som jag lärt mig under de senaste trettio åren: att hemligheten måste hållas intakt. Det får aldrig någonsin komma ut. Inte en enda gång har jag eller någon i min familj tagit upp mammas drickande med henne. Ingen av oss bröder. Och inte pappa heller. Vi har väl varit där och snuddat någon gång. Jag minns när mamma blev sjuk i mitten av 90-talet. Hon låg på sjukhus länge. Hon var väldigt dålig, det var som om hon förtvinade och försvann. Hon vägde bara fyrtio kilo. Varken mamma eller pappa ville berätta vad det var för sjukdom. När vi frågade så blev de märkligt diffusa, sa att mamma hade ont i magen. Det var först när jag var på sjukhuset och hälsade på som jag hörde läkaren nämna bukspottkörteln. Det hade blivit något fel på den. Jag förstod aldrig att mammas insjuknande hade med alkohol att göra, för ingen berättade det för mig. Men jag noterade att när mamma kom hem så drack hon inte längre alkohol.

Det här var i april och en eftermiddag några veckor efter att mamma blivit utskriven från sjukhuset så tittade solen fram för första gången på balkongsidan i vår lägenhet. Pappa gjorde i ordning lite charkuterier och dukade fram. "Nu ska vi välkomna våren", ropade han. Jag och Calle fick en Cola och glass. Mamma kom ut från sovrummet i morgonrock. Hon satte sig ner, pappa lade en filt över hennes axlar, för det var fortfarande kallt ute.

"Gud vad gott", sa mamma och log.

Hon sträckte sig efter pappas ölburk, och hällde upp i ett glas. Så förde hon glaset till munnen.

"Nej!"

Pappas reaktion var instinktiv. Han skrek rakt ut, utan att tänka sig för. Han tittade på henne med stora ögon, och så lutade han sig fram mot henne och mumlade:

"Vad gör du, Lisette?"

"Vad menar du? Jag är frisk, utskriven från sjukhuset. Jag kan dricka. Jag får dricka."

Pappa tystnade. Han tittade ner i sina knän. Protesten var över. Mamma drack. Och sedan började allt om, och blev värre.

Men det där skriket från pappa, nästan i falsett, jag glömmer det inte. För det var ett rop som kom utan att han överlade med sig själv, det var en skräck som exploderade framför oss. Och sedan samlade han sig och tystnade, och aldrig mer i sitt liv skulle han invända mot mammas drickande.

Inte en enda gång.

Det är omöjligt för mig att klandra honom för det. Under så många år höll jag själv tyst. En gång, på min trettioårsfest, så var hon berusad och satte sig i stentrappan utanför festlokalen. Jag märkte att folk tittade på henne och då kom instinkterna omedelbart. Det gällde att få bort henne, så att ingen upptäckte att hon hade druckit för mycket. Jag rusade fram till trappan och ledde bort henne. Jag ringde en taxi och då blev hon irriterad, hon ville inte alls åka hem.

"Jag tror att det är bäst att du åker", sa jag.

"Varför det?" sa mamma.

Och då kom det.

"Du kanske har druckit för mycket."

Mamma tittade häpet på mig.

"Vad menar du? Det har jag absolut inte."

Det var en läxa. Så där gör man inte. Vi pratar inte om mammas drickande. Jag har velat, många gånger. Jag och mina bröder har pratat om att vi borde konfrontera henne. Långa samtal i natten och planer gjorda mitt i desperationen, som alltid runnit ut i sanden dagen efter. Att prata öppet om mammas drickande eller att konfrontera henne själv med det riskerar att skada det löfte som jag och mamma ordlöst gav varandra för trettio år sedan.

Att ingen får veta.

Genom livet har det varit min främsta uppgift att se till att mammas drickande förblir en hemlighet. I början var det en ganska enkel sak, för mamma skötte det oftast snyggt. Hon satt aldrig på pizzeriorna och drack. Hon raglade aldrig full över torg, hon stod inte och skränade mot folk när vi gick på restaurang. Om hon eventuellt gjorde misstag så var jag snabbt framme och städade upp. Jag sopade igen alla spår. Jag var mammas tappra soldat, hennes handyman. Hon har aldrig någonsin bett mig om hjälp, men hon behövde aldrig säga något, för jag visste vad som behövde göras. När jag var tio år lokaliserade jag systematiskt de glas mamma gömt i bokhyllan och diskade dem, för jag ville inte att städerskan skulle hitta dem. Jag diskade dem i smyg så att inte heller pappa skulle se, jag tog det säkra före det osäkra, jag visste inte om han var med på hemligheten eller inte.

Mammas kollegor ringde ofta hem till oss när mamma plötsligt blev indisponibel. De var förtvivlade ibland, de skulle göra någon dragning men mamma satt på viktiga dokument och de visste inte vad de skulle ta sig till. De bad att få prata med henne, men jag visste att det aldrig fick komma på fråga. Då riskerade vi vår hemlighet. "Hon är sjuk. Hon ligger i sängen. Hon kan inte komma till telefonen." Jag kryddade med detaljer som gjorde historierna mer trovärdiga. "Jag ska iväg till affären nu och köpa blå-bärssoppa, det är det enda hon kan tänka sig att äta." Jag var creative director över hennes påhittade sjukdom, jag skapade sjukdomen och förfinade den, målade upp bilderna och portionerade ut den till dem som hörde av sig.

Ibland var vi illa ute. I tidiga tonåren var jag tillsammans med Anna, som gick i min klass. Vi skulle åka till Bornholm tillsammans, bara hon och jag. En sen kväll några dagar före resan fick mamma för sig att hon skulle ringa Annas mamma. Jag sa åt mamma att klockan var för mycket, hon svarade att det var dumheter. Jag stod i hallen och hörde hennes grötiga telefonerande, hennes förvirrade monolog uppe från vardagsrummet, hur hon påbörjade ett resonemang och avslutade ett annat. Hennes upprepningar. Hon undrade över någon praktisk detalj om resan, och avbröt plötsligt sig själv: "Jag ska ärligt säga att jag egentligen tycker att Alexander är för ung för att resa iväg på egen hand med en flickvän." Jag hittade snart en utväg. Jag sprang ner till pappas arbetsrum och lyfte luren så att förbindelsen där uppe bröts. "Hallå?" hörde jag henne säga där uppe.

"Hallå?"

Sedan sa hon "äsch" och lade på luren.

Ännu närmare katastrofen kom vi på Calles bröllop.

Mamma höll tal först av alla, och sedan mot slutet av middagen gick hon fram till toastmastern för att hålla ett tal till. Jag såg hur hon sträckte sig efter micken, ryckte i toastmasterns arm. Panik i hela kroppen, och en känsla av hopplöshet inför det omöjliga val jag nu stod inför: jag måste ingripa, annars avslöjas hemligheten. Jag kan inte ingripa, för då avslöjas hemligheten.

Ingen får veta.

Senare i livet. Pappa dog och jag började gå i terapi. En gång i veckan i två år gick jag och pratade. Jag pratade mycket om mamma. Men inte en enda gång avslöjade jag hemligheten. Så stark var övertygelsen: ingen får veta. Inte ens min terapeut.

Inte ens Amanda fick veta.

Jag hade just träffat henne, mamma hade bjudit hem oss på middag. Vi åt kyckling och gräddsås, mamma hade ställt fram vin. Mamma berättade om när hon höll på att köra på Sean Connery som ung. Hon backade med bilen och fick tvärnita och där stod han, Sean Connery. Mamma trodde inte sina ögon. ”Yes it’s really me”, ropade Connery glatt och gick vidare. Alla skrattade. En timme senare berättade hon samma historia en gång till. Den här gången längre, mer utdragen. Det gick inte att stoppa, skadan var skedd. Det dröjde några månader innan

Amanda första gången tog upp min mammas drickande med mig. Och den tappre soldaten ryckte ut och gick till ursinnigt angrepp.

Vad menar du?

Hon dricker absolut inte för mycket.

Hon har inte problem med alkoholen.

Amandas fråga blev som en attack – på mig. För den här hemligheten är det viktigaste jag har. Den är en del av min identitet.

Jag ÄR hemligheten.

Jag säger inget till någon.

Och jag och mamma talar inte om det.

Vi kommer ut mot Djurgårdsbron, går förbi Armémuseum. Vi passerar Benny Anderssons villa vid Djurgårdskanalen, nu när träden är lövlösa så ser man rakt in på tomten. Vi dröjer kvar en stund för att eventuellt få syn på honom, men utan lycka. Vi går vidare över den bortre bron och över till Djurgårdssidan. Vi passerar Villa Godthem, mamma berättar att hon såg Margaretha Krook gå här bara några månader innan hon dog. Mamma svär till när vi går förbi en skulptur som satts upp precis vid vattenbrynet. "Jag begriper inte vad de sysslar med. Det där är inte konst", mumlar hon.

Vi går vidare, men mamma stannar mig efter några steg, pekar ut mot vattnet, siluetterna, den ljusrosa horisonten över kanalen. "Det där!" ropar hon. "Där är konstverket! Vi behöver inget annat att vila blicken på."

Vi fortsätter, tillbaka mot Djurgårdsbron. Jag vet det redan, såklart. Chansen har glidit mig ur näven. All den där kraften jag hade när vi träffades på Nybrokajen, alla förhoppningarna. Det är som om jag långsamt försvagats för varje steg vi tagit. Ju närmare slutet av promenaden vi kommit, desto starkare har insikten blivit: jag kommer inte klara det här. Det blir ingen konfrontation. De gamla beteendemönstren är för starka, hjulspåren är för djupa. Men kanske var det också något annat som höll mig tillbaka – känslan av att jag och mamma hade det trevligt tillsammans. Pirret i magen. Jag ville inte att det skulle försvinna. Jag är med min mamma igen.

På Strandvägen ser mamma 47:an komma över krönet och får genast bråttom. "Tack för idag. Hälsa alla", ropar hon och sneddar över gatan mot busshållplatsen.

Jag ligger i sängen och försöker få min dotter Charlie att sova. Jag ligger helt stilla och lyssnar på hennes andning. Mamma ringer och jag trycker av samtalet. Hon ringer igen och jag svarar viskande. "Jag försöker lägga Charlie, kan jag ringa om en stund?" Det är tyst i luren. Jag hör hennes andetag, hör att hon gråter. Jag försöker få henne att säga något, men hon bara andas och gråter.

"Mamma, hur mår du? Är det nåt som hänt?"

"Det är över nu", säger hon.

"Vad är det som är över?"

"Allt."

Det är tyst i luren igen. Det är så underligt beskaffat, det här samtalet, en gråtande mamma och en viskande son.

"Kan du säga vad som har hänt?"

"Jag fick sparken idag."

"Vadå fick sparken?"

"Ja, precis som jag säger det. Jag fick sparken."

Mamma snörvlar till och tystnar. Och jag vet inte vad jag ska säga.

"De vill inte ha mig kvar, helt enkelt."

"Varför det?"

"Jag vet inte."

"Vadå, du vet inte? De måste väl ha angett nåt skäl?"

"Ja … Jag vet inte."

Jag smyger ut från Charlie och går in i badrummet. Jag sätter mig på badrumsgolvet.

"Kan du ta det från början. Vad är det som har hänt?"

Men mamma vill inte ta det från början. Hon gråter nu på ett nytt sätt, mera högljutt, och pratar i gråten. Det blir allt svårare att höra vad hon säger.

"Hur ska jag klara mig nu, Alexander?"

"Det kommer ordna sig."

"Vad ska jag leva på då?"

Det har varit ett under att hon inte fått sparken tidigare. Hon har klarat sig på sin begåvning. Hon är alltid sen med sina texter, men när hon väl lämnar dem så är de bättre än vad någon annan kan producera och därför blir hon alltid förlåten. Men nu står vi alltså här. Mammas drickande har gjort att hon inte har något arbete kvar. Jag är paralyserad av insikten att mammas drickande har tagit henne till en ny nivå. Och jag känner skuld, för hade jag bara haft modet att ställa krav på henne tidigare så hade det här kanske aldrig hänt.

Jag försöker trösta henne, försöker säga till henne att det kommer nya jobb. Mamma gråter och gråter. Jag är inte längre sonen och hon är inte längre mamman. Våra roller är ombytta, men jag är dålig på att trösta henne, för jag tänker precis samma sak som mamma själv: Hur ska hon klara sig nu?

I hela mitt liv har mammas arbete varit det sista att hålla fast vid. Jag var besatt av det som barn. Jag visste när hon åkte och när hon kom hem om dagarna. Jag kunde överblicka hennes semesterdagar bättre än hon själv. Och jag var medveten om de dagar då hon inte jobbade, de där långa dagarna när hon låg inne i sitt sovrum i mörkret. Så delades tillvaron in under mina år i mellanstadiet och högstadiet, i dagar då mamma arbetade och dagar då hon inte gjorde det. Jag vaknade på morgonen och min första åtgärd, alltid: att kontrollera om mamma åkt till jobbet eller inte. Om sängen var tom så fylldes jag av ett lugn. Gick in i köket, följde spåren av henne där. Hennes läppar avtecknade i läppstift på kaffekoppskanten. Morgontidningen uppslagen där hon lämnade den. Kanterna från två rostisar med ost och marmelad på en assiett. Locktången som låg utsträckt över köksbordet med sin svarta sladd. Den där doften av varm el. Två snabbrökta cigaretter, fimpade som bokstaven L i askkoppen.

Jag kunde återskapa hennes morgon exakt. Här var hon och det här gjorde hon. Det här var min egen lilla lek, en detektivuppgift jag gav mig själv varje morgon. Jag var skicklig på det, jag kunde till och med avgöra hur länge sedan det var hon åkte genom att se hur mycket kaffet svalnat och hur mjukt smöret var i paketet på diskbänken. Ibland var kaffet fortfarande ljummet, nästan varmt – en upphetsning ilade genom kroppen. Hon var just här! Då sprang jag till fönstren som vette ner mot Farsta Torg och hade jag tur såg jag henne försvinna i den blåa Volvon längs Larsbodavägen.

Där for hon.

Jag kände mig lugn i stunden. En känsla av att allting var bra. Och jag tänkte mig henne där hon susade fram i bilen på Nynäsvägen på väg in till jobbet, i snygg dress och lockat hår. Jag kände mig nästan euforisk, för det var så här det skulle vara. Allt fungerade. Hon fungerade. Och hon var vår kontakt med den riktiga världen som pågick där ute. Pappa var gammal och låg hemma och läste böcker om dagarna. Vi tre bröder var barn. Men mamma tog på mejk och lockade håret. Hon klädde sig fin för att åka in till stan. Det var en trygghet att veta att hon fanns där. Det var därför mammas arbete var så viktigt för mig. Jag ville veta allt om det. Jag ville vara där, hela tiden. Jag tjatade på mamma om att få komma och hälsa på henne. Mamma var först inte road av idén, men snart hade vi en tradition. Varje fredag eftermiddag fick jag åka till mammas jobb. När jag kom hem från skolan bytte jag snabbt om och gjorde mig i ordning i badrummet. Jag hade just upptäckt hårsprej. Jag sprejade mig själv hårt så att jag blev taggig på huvudet. Jag tog fram min after shave, Kouros for men, och duttade på halsen och hand-lederna. Pappa kom in i badrummet och viftade med handen framför näsan och sa att det luktade horhus och vi fnissade åt det. Jag tog på mig en cardigan och gömde AIK-halsbandet under t-shirten, för det tyckte mamma inte så mycket om. Sedan tog jag grön linje norrut.

Mamma jobbade på Skeppsbron, på Procordia AB. Jag gick inte av på Gamla stans tunnelbana, som var när-mast, utan åkte vidare till T-centralen, för det var bara därifrån jag kunde vägen. Jag gick Hamngatan och sedan Kungsträdgården och hela Skeppsbron bort till Norra Bankogränd 4. Mamma hade eget rum, med namnskylt utanför dörren: Lisette Schulman, informationsdirektör.

"Hej gubbe", sa hon när hon fick syn på mig i dörr-öppningen. "Jag ska bara skriva klart den här texten."

Jag satte mig ner i en av de två besöksstolarna mitt emot mammas bord. Här fanns en känsla av lyx. Heltäckningsmatta på golvet – jag måste ta av mig skorna i korridoren. Mattan var fantastisk, mjuk som en pojksnagg, man ville genast lägga sig på den. Golvlampor som gjorde att taket badade i gult sken och ett stort fönster och där utanför var det redan helt svart fastän klockan bara var fyra. Ett onödigt stort skrivbord i mörkt trä och överallt papper med kafferingar, utkast av manus som vandrat flera gånger mellan hennes kontor och vd:ns en trappa upp, fullklottrade med anteckningar från bläckpennor i olika färger. Mamma satt lutad över skrivbordet. Hon var så koncentrerad nu, hon skrev utan att behöva titta ner på tangentbordet. Det var otroligt att se henne göra det. Jag skröt om det för andra och någon gång visade hon upp det för mina kompisar. Hon skrev en lång text med förbundna ögon och sedan gick vi fram och kontrollerade och kunde häpet notera att hon tryckt alla tangenter rätt.

Mamma tjänade 50 000 kronor i månaden. Jag vet det, för jag frågade henne en gång. Det fick jag inte berätta för någon och det gjorde jag inte heller, men jag tänkte på det ofta, alla de där pengarna. Jag fick det inte att gå ihop med de gånger mamma röt att vi inte hade råd med saker och ting. Eller den gången när jag satt i trappan och lyssnade i smyg på mammas och pappas samtal en kväll i vardagsrummet. "Vi är panka", sa mamma med gråten i halsen. Pappa brukade i vanliga fall protestera mot mammas överdrifter. Men nu satt han bara tyst. "Hur ska vi klara det?" sa mamma i förtvivlad falsett.

Jag tänkte: Hur är det möjligt? 50 000 kronor. Hur kan man göra av med så mycket pengar på en månad?

Såvitt jag förstod var mamma värd den höga lönen. Mamma kunde engelska flytande, inte så där stakande och stapplande som andra föräldrar i skolan. Hon talade amerikansk engelska med en ledighet som jag aldrig sett någon annanstans. Hon pratade franska flytande, och danska flytande. Och italienska och tyska. Och hon skrev bättre än alla andra på hennes arbete.

"Hallå, Lisette."

En kollega visade sig i dörröppningen. Han lutade sig in i rummet vid dörrkarmen och bytte några ord med mamma. Det kom ofta in manliga kollegor och de dröjde sig alltid kvar. Stod där i dörren och pratade långa stunder med mamma. Något jobbärende avhandlades, men sedan lämnade de inte platsen. De stod kvar. Jag märkte att de ville vara där. Jag fick en ny bild av henne, genom hennes manliga kollegor. Jag märkte det på deras blickar. Mamma såg bra ut. Hon var attraktiv. Män ville vara nära henne. De tyckte om hennes stil också. Hon var utmanande och kaxig. Hon var rolig också, när mamma fällde kommentarer om människor som inte var i rummet så skrattade männen alltid. De pratade om någon kreatör på en reklambyrå som kommit med en dålig idé och mamma utbrast: "Skjut fanskapet!" En medarbetare hade uttryckt sig klumpigt i en branschtidning: "Häng den jäveln!" Mamma levererade ofta enkla meningar som handlade om hur människor skulle avlivas för sin inkompetens. Dränk den fan! Nackskott! Sänk honom i Nybroviken! Mamma var så vältalig i övrigt att de här avslutande förslagen på olika alternativa sätt att ta livet av dem överrumplade lyssnaren. Och männen skrattade. De visste att med mamma fick de alltid en spydig kommentar, alltid en kvickhet som gjorde att de kände sig lugna: hon är som vi. Jag skulle kunna sitta i timmar och lyssna på de här samtalen. Jag älskade att vara där, för där var mamma omtyckt, hon var någon. Hon fungerade.

På hemvägen gick vi alltid förbi Systembolaget vid Slussen. Det satt A-lagare utanför butiken och mamma gav mig pengar som jag skulle ge till dem. Mamma strosade aldrig runt bland hyllorna, hon gick raka vägen till avdelningen för italienska viner och köpte Copertino. De kostade 62 kronor per flaska. Jag fick packa flaskorna i kassen. En gång frågade jag mamma om jag fick bära kassen till bilen.

"Ja, men var försiktig", sa mamma.

Vi gick mot bilen, upp för trapporna vid Slussplan. Jag halkade till på ett av stegen och drämde kassen rakt in i stentrappan.

"Jävlar", ropade mamma.

Det ilade i hela kroppen. Det här var inte bra. Mamma ryckte åt sig kassen och kontrollerade innehållet. Två av flaskorna var krossade. Det rann rött vin ner för stentrappan.

"Förlåt, mamma."

"Det gör inget", sa mamma.

"Förlåt."

"Bry dig inte om det. Det är ingen fara alls", sa mamma. Hon lyfte ut den oskadade flaskan och kastade kassen med glassplitter i en papperskorg. Hon gick fort över torget. Jag gick bakom henne. Mina ben bar mig knappt. Jag kunde inte förstå reaktionen. Att hon inte blivit argare.

I bilen på väg hem. Vi åkte Nynäsvägen, passerade Globen på höger sida.

"Vet du vad som är det godaste som finns?" frågade mamma.

"Nej."

"Äpplen och choklad, när man äter det i samma tugga. Har du provat det?"

"Nej, jag tror inte det."

"Det måste du göra nån gång."

Sedan satt vi tysta. Vi passerade Enskede mot Farsta, och åkte vidare mot Tallkrogen. Men vid Gubbängen svängde mamma plötsligt av.

"Vart ska vi?" frågade jag.

Hon svarade inte. Hon åkte till Gubbängens tunnelbanestation och steg ur bilen.

"Vänta här."

Hon gick in i en Pressbyrån och kom ut efter en stund med ett äpple och en chokladkaka.

"Ta en tugga av äpplet och stoppa genast in en chokladbit i munnen. Sen tuggar du."

Jag gjorde som hon sa. Mamma satt vid ratten och tittade på mig. Hon väntade med att starta bilen, för hon ville se min reaktion. Hennes ögon glittrade.

"Är det inte fantastiskt?"

"Jo", svarade jag.

Vi åkte hemåt. Jag satt med min choklad och mitt äpple. Det pirrade i magen. Jag trodde att det var för att jag mådde bra. Men jag visste inte säkert, jag var fortfarande skakad över vinflaskorna.

"Vad gör du mamma?"

"Ingenting. Ligger i sängen."

"Ska du inte gå upp?"

"Varför skulle jag göra det?"

"Det är fint väder idag."

"Äh."

Sedan mamma fick sparken har hon inte rest sig ur sängen. Hon ligger där och vill inte ha besök och vill inte gå upp. Jag pratar med henne varje dag, så jag har kunnat följa hennes olika känslostadier sedan hon fick beskedet. Först var hon otröstligt rädd, kände fasa inför framtiden. När skräcken hade lagt sig kom vreden. Mot arbetsgivaren som hade gjort fel. Mot hennes anställda som svikit henne. Jag är nu rädd att hon håller på att gå in i nästa fas – apatin. Det märks i våra samtal, det raseri hon kände för bara ett par dagar sedan är nu borta. Hon är ordfattig och vill snabbt avsluta samtalen. Jag tycker inte om att hon ligger där i sängen och tystnar.

"Jag tänkte komma över med lite fika i eftermiddag", säger jag.

"Nej tack, det passar inte så bra idag", säger hon.

"Men jag vill ändå komma över. Behöver du fortfarande hjälp med att bära upp julpyntet från källaren?"

"Nej tack."

Hur kan det ha gått så långt? Hur kan vi ha accepterat att det spårat ur på det här sättet? Jag klandrar mig själv för min feghet. Tänker tillbaka på vår promenad runt Djurgården, på varenda minut av patetik. Den stora planen som rann ut i sanden.

"Du måste äta i alla fall", säger jag. "Kan jag inte få bjuda dig på middag?"

"Jag är inte så hungrig."

"Vi kan gå till Sturehof. Där har de skaldjursplateau."

Mamma tystnar. Jag vet att mamma älskar skaldjursplateau.

"Det låter härligt", säger hon till slut.

"Ska vi ses ikväll då?"

"Ja. Men plateau behöver vi inte. Det är så dyrt."

"Jag vill bjuda på det", säger jag.

"Du är så snäll. Tack."

Vi bestämmer att ses klockan sju och lägger på. Det är så svårt att avgöra på rösten om hon är full eller inte. Men jag tror hon är nykter. Hon lät klar i rösten. Jag klär upp mig i kavaj, för mamma tycker om det. "Så där ska det se ut", brukar hon säga. Jag går hela vägen till Sturehof, passerar den taniga julgranen på Stureplan och ser henne redan på håll. Där står hon vid ingången till restaurangen. Hon håller sig försiktigt i en stolpe för att inte tappa balansen. Jag kramar om henne, doft av vin och Läkerol Cassis. Hennes simmiga blick. Jag går bakom henne när vi går mot vårt bord. Vi sätter oss. Jag kan inte titta på henne, jag kan inte möta den där blicken. Vi beställer plateau.

"Vi börjar med en att dela på, och sen får vi se om vi vill ha mer", säger jag.

"Och så en liten sup, va", säger mamma. Och så gör hon sin röst mörkare för att härma morfars, i familjens klassiska citat, det han alltid fällde när han såg skaldjur på tallriken: "Det här kr-r-r-räver ju …"

Jag beställer en vodka var.

Det är svårt att förklara varför jag gör det. Jag kan inte säga nej till henne. Skräcken för att hon ska dricka står ofta i exakt proportion till skräcken för att hon inte ska dricka. Alla gånger i barndomen och i vuxen ålder då jag sett det som min främsta uppgift att underlätta för mamma, att se till att hon får sitt glas. Jag har varit som en ambulerande bartender runt omkring henne. För två år sedan var vi på väg till Amandas farmor Gunny på en jullunch, som mamma också var bjuden till. Det var på den tiden då mamma fortfarande ville umgås med Amandas släkt. På vägen dit blev jag plötsligt orolig. Kommer Gunny att servera snaps till sillen? Amanda sa att hon inte visste, hon trodde inte det. Ingen av Amandas släktingar drack snaps på det sättet. Jag bad taxin att stanna utanför Systembolaget, och så sprang jag in och köpte en Hallands fläder. Jag vill inte att mamma dricker, men jag vill att hon dricker.

När vi kom fram till Gunny stoppade jag snabbt in flaskan i frysen, för jag vet att mamma vill ha sin snaps iskall, trögflytande – man ska nästan vara tvungen att skaka ur den ur glaset när man dricker den.

Servitrisen kommer in med ett stort fat med skaldjur. "Hå-hå", säger mamma och tar en räka. Jag ser hur hon med stora svårigheter försöker bli av med skalet på den.

"Hur är det med Amanda då?" frågar mamma.

"Jodå, det är bra. Hon hälsar till dig."

"Hälsa tillbaka."

Mamma gräver efter något i handväskan. Långsamma rörelser, hon mumlar "äsch" för sig själv.

Vodkan kommer in. Hon fattar glaset med sådan säkerhet. Utan darr. Det känns som att hon själv kan ramla ur stolen när som helst, men glaset håller hon med sådan trygghet. Hon dricker och rör sig längre in i oåtkomligheten. Och jag dricker så att jag lättare kan titta in i hennes oklara blick. Vi medicinerar oss båda så att vi står ut med varandra. När vi sitter där tysta så kan jag för första gången titta på henne. Hon märker det inte, det är som att jag sitter bakom en spegelvägg, som hos FBI, och att hon inte ser mig. Hon donar fortfarande med något i handväskan. Hon ordnar med något smink. Så tittar hon upp mot mig, kisar och ler.

"Hur är det med Amanda då?"

"Det är bra. Hon hälsar."

"Tack. Hälsa tillbaka."

Och så blir det tyst. Mamma säger ingenting. Tar på och av sina glasögon, tar upp ett skaldjur och försöker utvinna kött ur det. Och tystnaden ligger kvar, längre än vad som skulle vara normalt i vilken social situation som helst. Jag drar ut på tystnaden, för att se hur länge den varar. Det är enorma avstånd mellan sekunderna. Jag tittar på henne där hon sitter böjd över sin tallrik. Det är som att hon glömt bort att jag sitter framför henne.

Den där tystnaden.

Det var med den allt började. Bullret i barndomen var visserligen skrämmande, men det var också tydligt. Det fanns något kristallklart över utbrotten och skriken och hoten, något man omedelbart kunde förhålla sig till. Tystnaden var annorlunda, för den var obestämbar och kuslig. Ett första tecken på att kontakten bröts.

Jag minns när pappa kom in i vårt gemensamma sovrum på torpet med plirande ögon och ropade: "Vem vill ha pizza till middag?"

Tre bröder flög upp ur tristessen på torpet. Det uppstod kaos, vi skrek vilt och sprang in i varandra, ramlade ihop i högar och reste oss skrattande igen. Vi tillbringade åttio dagar om året på torpet i Värmland. Det var få överraskningar. Om det var sol så var vi ute på sjön och lade nät och badade och lekte och på kvällen grillade mamma fläskkarré. Om det var regn satt vi inomhus vid köksbordet och spelade Femhundra och pappa gick ut till regnmätaren en gång i timmen och återkom till köket med siffror. Men två gånger per sommar hände det alltså, mamma eller pappa kom in i köket med glitter i ögonen och avslöjade att planen var att åka till Hagfors och gå på pizzerian. Det var en av semesterns absoluta höjdpunkter. Och därför skrek vi.

"Men sätt på er lite kläder så att vi kan åka nån gång", ropade pappa.

Genast började familjen rusta upp sig. Mamma duscha-

73

de varmt och stod sedan länge på toaletten med rullar i håret och hårsprej. Pappa tog på sig en kavaj och eau de cologne och sina bruna läderloafers. Jag vattenkammade håret noga, och tog på mig ett par manchesterbyxor som jag visste att mamma tyckte om. Vi satte oss i bilen. Tre bröder där bak och mamma och pappa där fram. Målet var restaurang Coliseum i centrala Hagfors. Det var alltid förenat med samma nöje för mina föräldrar att prata om felstavningen av namnet. Det slog aldrig fel, varje gång skulle det benämnas på något sätt. Att döpa sin italienska pizzakrog till Coliseum, utan att kontrollera hur Colosseum stavas och sedan göra ett stort tryck på hela glasrutan ut mot gatan med en bild på den klassiska byggnaden och detta fullständigt felstavade namn.

"Ja, det …" Mamma skakade på huvudet och skratta-de. Hon hade inte ord.

Restaurang Coliseum var halvfull. Mamma och pappa blev uppåt när de såg att det bord de brukade välja var ledigt. Där borta vid ugnen stod pizzabagaren. När han fick syn på oss vinkade han och gjorde en rolig grimas. Jag och Calle skrattade till.

"Titta inte på honom", viskade mamma.

Vi tittade ner i bordsskivan. Det hade jag helt glömt bort, att mamma och pappa var i konflikt med pizzabaga-

ren sedan en dispyt förra gången vi var här. Jag och Calle
hade stått där framme vid glasrutan och tittat på honom
när han bakade sina pizzor. Han hade varit så rolig, han
busade med oss och kastade degen i luften. Han fråga-
de om Calle ville komma och prova att kasta en pizza-
deg i luften. Det ville han, men han misslyckades och
degen åkte i golvet. Det var ingen fara, sa pizzabagaren
och rufsade Calle i håret så att kalufsen blev mjölig. Vi
gick tillbaka till vårt bord. När notan kom in hade han
lagt på tio kronor för den förstörda pizzadegen. Pappa
blev irriterad – mamma blev rasande. Och det blev en
konfrontation som slutade i att alla skrek. Det blev en
riktig scen, hela restaurangen vände sig om. Men pizza-
bagaren vägrade ändra sig om sina tio kronor. Jag minns
hur mamma signerade notan sedan, under raden "dricks"
skrev hon med stora bokstäver: "NOLL KRONOR!"

Menyerna delades ut, röda album i fuskläder med in-
plastade sidor. Jag och mina bröder bläddrade girigt. Möj-
ligheterna var så oändliga. 36 olika pizzasorter, fem olika
typer av läsk, och en hel sida med efterrätter. Mamma
och pappa ville börja med att beställa något att dricka.
Två snapsar, vodka om det fanns, gärna så kall som möj-
ligt. Och två öl, stora, starka. Servitören undrade om vi
ville beställa mat. Nej, det kan vänta, se bara till att få in

drycken först. Mamma och pappa blev alltid lite besvikna där i början på Coliseum. Det var mycket som blev fel, för personalen var inte bekanta med mammas och pappas dryckeskultur. Och de var inte vana vid att gäster beställde nubbe till sin pizza. Vodkan kom in i vanliga dricksglas istället för snapsglas. Mamma och pappa log överseende, men de måste be om att få byta. Vodkan var inte kall nog, så de beställde in en skål med isbitar. Så där höll de på. Men till slut var de ändå nöjda. De satt mitt emot varandra, de höjde sina glas och log mot varandra och drack och grimaserade ljudlöst när vodkan tumlade ner i bröstkorgarna på dem. Och det var tveklöst så att den där stunden var guld för dem – och för oss! För familjen var i balans, och vart jag än tittade såg jag belåtna ansikten.

Niklas beställde Quattro Stagione. Jag beställde Pizza Romana. Calle brukade beställa det jag beställde. Och vi tog in Cola, och jag lutade glaset utsökt och hällde längs kanten så att jag undvek kolsyrespill. Maten kom in. Vi var bullriga och glada, vi pratade i munnen på varandra, vi var en familj fylld av liv! Det var högt i tak här! Calle hade en teknik att äta sin pizza, där han gröpte ur den och lämnade samtliga kanter. Mamma tittade på förödelsen på Calles tallrik och kallade det "sinnessjukt", men hon log och allt var bra.

Mamma och pappa beställde in en snaps till. Och två öl till. Sedan blev mamma sugen på ett glas vin. Pappa tog en öl till. Menyerna kom in igen och vi tittade på efterrätt. Vi beställde banana split och mamma och pappa tog en irish coffee var, men där hade vi redan förlorat våra föräldrar för länge sedan. De satt ju där, men de var inte riktigt kvar. Ju längre middagen led och ju mer de drack, desto tystare blev de. Det vilda samtalet byttes ut mot ljudet av bestick mot porslin. De klara blickarna över bordet var borta, kvickheterna, de snabba resonemangen som utgjorde hela vår familjs väsen när vi var som bäst. Allt var försvunnet nu. Alkoholen tröttade ut dem, gjorde dem sega. De pratade långsammare och långsammare. Längre och längre pauser mellan ordväxlingarna. Och till slut satt de där helt tysta och tittade ut över gatan. Tystnaden var outhärdlig. Att se sina föräldrar försvinna på det här sättet gjorde något med oss. Det var att se hur de långsamt resignerade. Vi var tre barn som satt på parkettplats och såg allt detta hända. De hade druckit så att de blivit onåbara för varandra och för oss. Och när våra föräldrar tystnade på det sättet, då tystnade vi också. Vi grävde i vår banana split. Pappa tittade ut över gatan utanför, mamma blickade in mot restaurangköket.

"Ska vi betala?" mumlade pappa.

"Jo", sa mamma.

Pappa vinkade mot servitören och det började smattra i kassaapparaten där borta. Trötta rörelser, rotande i jackfickor efter en plånbok. Stolskrap och så reste de sig upp och gick mot utgången. Vi följde efter.

Niklas fick övningsköra hem med bilen. Jag tyckte att det var konstigt att han fick övningsköra så tidigt, för han var ju bara fjorton år. Jag förstod inte hur det kunde vara lagligt, men jag invände inte. Pappa satt bredvid honom där fram. Det var helt tyst i bilen. Både mamma och pappa var oåtkomliga. All kontakt var bruten.

Och nu sitter jag mitt emot mamma på restaurang Sturehof och upplever samma tystnad, samma brutna kontakt. Jag kommer inte åt henne, för hon vet inte ens att jag är här. Mamma tittar upp till slut. Hon ler mot mig, ett vänligt, grumligt leende. Hon höjer snapsglaset.

"Skål gubbe", säger hon.

"Skål", svarar jag.

Hon dricker och ställer ner glaset.

Hon pillar med skaldjuren. Sträcker sig för att dricka lite mer. Upptäcker att glaset är tomt. Hon vänder upp blicken mot mig och ser nästan överraskad ut över att se mig där. Hon ler mot mig och säger: "Ska vi inte ha en liten till?"

Jag tittar på henne, anstränger mig för att hålla kvar ögonkontakten, lutar mig fram mot henne så att jag kan prata med lägre röst.

"Mamma", säger jag och sitter tyst en stund. Jag lägger en hand på hennes över bordet. "Mamma, jag tycker att du dricker för mycket."

Mamma tittar på mig med sina trötta ögon.

"Vad menar du?"

"Du dricker för mycket och jag vill att du ska sluta."

Mamma skrattar till. Hennes blick mörknar en aning. Hon tar bort handen från min. "Vad pratar du om?"

Jag har inte modet att fortsätta, vill inte ens upprepa det jag just sagt. Det blir tyst. Mamma tittar ner i bordet, och mumlar: "Nej, Alexander."

Det är allt.

Vi äter glass till efterrätt, mamma tar in en irish coffee. Det haltande samtalet fortsätter, mamma kallpratar förvirrat mellan tuggorna. Ingenting säger hon om det jag just konfronterat henne med, det är som om hon inte hört ett ord. Det är raderat, har aldrig hänt.

Sedan säger hon att hon är trött och tar farväl. Jag sitter kvar, ser hur hon vinglar bort mot tunnelbanan.

Jag ska skjutsa mamma till Mjölby, där hon ska träffa en väninna, men bara någon timme innan jag ska hämta upp henne ställer hon plötsligt in hela resan. Hennes meddelande är kort och kallt, jag förstår omedelbart att hon är arg på mig för något. Jag kan omöjligt lista ut varför. Jag ringer henne, men hon svarar inte. Jag har gjort något fel, det är tydligt. Vad är det jag har gjort? Jag hittar ingen förklaring. Den här ovissheten gör mig illamående. Det är så mycket enklare att hantera när mammas ilska går att spåra. Som när jag skriver till henne att jag är trettio minuter sen till en middag med henne och hon svarar: "Du behöver inte komma alls." Det är tydligt. Eller när hon ber mig om hjälp med att bära ner en byrå i källaren och jag svarar att jag varken kan idag eller imorgon för jag är bortrest, och hon svarar: "Vi skiter i det." Det finns inget mysterium här. Jag har gjort mamma besviken och hon visar sin ilska.

Men den här gången är värre. Plötsligt bär mamma på en oresonlig vrede mot mig och det går inte att lista ut varför. Den ständiga ovissheten. Den tomma känslan i magen, av skuld och skam, och paniken när jag utan att lyckas söker efter mitt felsteg.

Vad är det jag har gjort för fel?

Det är så hon håller mig i sitt grepp. Så har hon alltid gjort. Jag minns när jag var barn och vi var på torpet med pappa. Mamma som jobbade brukade komma två veckor senare. Dagen för hennes ankomst var alltid så pirrig. Nu skulle det äntligen ske! Pappa och jag och mina bröder rustade upp torpet för att hon skulle känna sig välkommen. Pappa hade varit i Hagfors och handlat. Fyra stora kassar stod där på diskbänken, svala av mejeriprodukterna. Han hade köpt mortadella och taleggio och det vanliga på Systembolaget. Pappa skyndade att stoppa in vodkan i frysfacket. Sedan gick han ner till trädgårdslandet och plockade gräslök, som han skulle klippa och strö över bondosten. Och han plockade de egenodlade rädisorna, som mamma och pappa tyckte om att doppa i salt och äta. Pappa bad mig hjälpa att göra fint. Jag visste precis hur mamma ville ha det. Det där kunde jag. Jag torkade regnet från plastmöblerna med en trasa. Jag bytte ut den blöta bordsduken mot en ny. Jag plockade blommor ute på ängen och satte i ett glas med vatten mitt på bordet. Jag ställde fram fotogenlampan, så att pappa kunde tända den precis när mamma kom. Jag plockade undan leksaker och våra Kalle Anka-tidningar från gräsmattan. Pappa var dålig på att göra mysigt. När han skulle duka bordet så lade han bara besticken på tallriken, men det var ett misstag. Mamma ville att det skulle vara fint. Kniven till höger om tallriken, gaffeln till vänster om den. Det vassa på kniven ska peka inåt. Så jag korrigerade honom ständigt när han gjorde i ordning för att mamma skulle komma från jobbet i Stockholm. Jag ville minimera risken för att mamma skulle bli illa berörd när hon kom hem.

Pappa kontrollerade hela tiden klockan. Om hans beräkningar stämde, så borde mamma vara hemma om en timme. Jag bestämde mig för att gå och möta henne. Jag saknade mamma. Jag längtade till kvällen, och fantiserade om hur den skulle bli: solen sänker sig över sjön, och ljuset blir så vackert i mammas och pappas ansikten. Mamma pratar om vad som hänt på jobbet i Stockholm, vilken idiot som sagt vad, hon härmar någon roligt och pappa fnissar och fyller på lite mer öl i mammas glas. De äter sådana saker de älskar, de dricker sådana saker de älskar, de tittar ut över sjön och säger "herregud, så vackert". Kanske tar pappa mamma i handen där i kvällssolen. Och kanske säger mamma "puss".

Jag följde den lilla grusvägen som ledde från torpet till den lite större grusvägen, gick upp mot den del av skogen där vi alltid plockade blåbär på sensommaren. Växterna skrapade mina vader. Jag plockade strån och lekte "Tupp, höna eller kyckling" med mig själv. Efter en stund kom jag fram till elstationen, med de svarta rören och skylten med LIVSFARLIG LEDNING och den andra skylten med den tecknade bilden på konstapeln som sträcker fram handflatan mot en och säger att obehöriga äga ej tillträde. Jag kom upp på grusvägen igen, ibland stannade jag för att lyssna efter motorljud i fjärran. När det kom en bil gick jag ut i diket och lät den köra förbi och sedan väntade jag på att dammröken skulle lägga sig.

Jag gick och gick.

Hittade hjulspår från en traktor som löpte rakt in i skogen. Jag lekte med vattensamlingarna, skapade kanaler mellan de olika sjöarna. När jag tittade upp igen stod solen ännu lite lägre. Vidare på grusvägen, stövlarna skrapade mot gruset. Jag lyssnade ut mot skogen. Där var hon! Jag kände igen motorljudet från hennes Volvo bakom krönet. Hjärtat började slå, hon var äntligen här nu. Jag sprang upp mot vägen, ställde mig vid grusvägskanten. Där kom hon! Jag vinkade till henne. Bilen såg nästan självlysande ut i det låga solskenet i backen. Bilen badade i solen. Jag kunde inte se henne, skogen reflekterades i vindrutan. Min första känsla av att något inte stod rätt till var när jag märkte att hon inte saktade ner. Trots att hon kom närmare mig så bromsade hon inte. Jag tog ett steg åt sidan. Spejade, kisade, försökte få syn på henne där inne. Jag log och vinkade.

Hon körde rakt förbi mig utan att stanna, och det var först när bilen passerade som jag såg mamma. Hon gav mig inte en blick, hon tittade rakt fram, uttryckslöst. Hon bara körde vidare. Jag stod i molnet av damm och tittade efter henne, såg bilen försvinna ner mot torpet.

Jag kände fasan strömma genom kroppen.

Försökte hitta rimliga svar. Såg hon mig inte? Jo, det är klart att hon såg mig. Varför stannade hon inte? Vad är det som har hänt? Jag tänkte på hennes sammanbitna ansikte där i motljuset när bilen passerade. Hennes vackra ögon upplysta av den låga solen. Hur hon inte ens tittade på mig.

Jag gick långsamt tillbaka mot torpet, fylld av så många teorier genast. Jag ville ta hål i öronen förra veckan, mamma blev arg och sa nej. Var hon fortfarande arg på mig för det? Fotbollen på torpet låg ute över vintern och när vi kom för sommaren så var den förstörd, så jag ville ha en ny. Mamma var upprörd, sa att det var oansvarigt, att hon inte kunde betala nya fotbollar varje sommar. Var hon fortfarande upprörd på mig för det?

Jag fick det inte att gå ihop.

Det tog lång tid att komma hem, tillbaka över bron, förbi elverket, bakom dammen och den långa stigen ner. När jag kom till torpet stod Volvon vid uppfarten och knastrade efter den långa resan. Bagageluckan öppen, men inga väskor urpackade. Mamma satt på uteplatsen med pappa. Ölglasen lyste som guld i kvällssolen. Jag vågade inte gå fram till henne. Jag tog en omväg runt huset för att hon inte skulle se mig. Jag skämdes för något som jag gjort, men jag visste inte vad det var. Jag satt på stentrappan sedan, bakom husknuten. Jag hörde deras samtal utan att de såg mig. Försökte få någon ledtråd till varför hon hatade mig. Men jag fick inga svar.

Mamma härmade en kollega.

Pappa skrattade till.

"Man borde skjuta fanskapet", sa mamma.

"Skål", sa pappa.

De nämnde inte mig över huvud taget. Pappa hade inte förstått vad som hänt där uppe på grusvägen, det fanns ingen chans, för då hade han blivit olycklig. Han visste ingenting och mamma ville inte prata om det. Jag lyssnade efter ledtrådar. Jag måste vara fokuserad. Jag tänkte så att det knakade. Mamma gick in för att hämta en till öl. Hon passerade mig där jag satt på stentrappan. Hon tittade kort på mig och gick in.

Jag gick in i vardagsrummet. Jag ville fråga henne vad som hade hänt, men jag vågade inte. Jag bestämde mig för att hålla mig undan. Solen gick ner och det blev kallt. Mamma och pappa kom in, jag smet från vardagsrummet för jag visste att de skulle sitta här nu. Jag satte mig vid köksbordet. Teven stod på, mamma och pappa pratade stilla. Jag började diska deras tallrikar och plocka in färskvarorna i kylen, för jag visste att mamma gillade när jag gjorde det. Sedan gick jag in till mitt rum och lade mig. Mamma kom inte in och sa god natt. Det var som en långdragen mardröm.

Vad var det som pågick?

Jag förstod ingenting.

Det var sol morgonen därpå också. Jag gick in i köket för att göra frukost. Jag såg genom fönsterrutan att mamma satt där på uteplatsen och läste morgontidningen. Hon hade tagit ut både smöret och osten och mjölken. Jag kunde inte göra någon frukost utan att gå ut till henne. Men jag vågade inte. Jag satt i köket och funderade på vad jag skulle göra. Till slut blev jag så väldigt hungrig. Jag hade inte ätit något sedan eftermiddagen innan. Jag rostade två mackor och sedan gick jag ut, mot uteplatsen, mot mamma.

Jag var så rädd.

Jag sa ingenting till henne, för jag tänkte att hon inte ville prata med mig. Jag lade ner mackorna på bordet och började breda på smöret. Jag anade i utkanten av synfältet att hon tittade på mig. Jag hyvlade ostskivor och lade på. Jag var snart färdig nu.

"Kom hit, gubbe", sa mamma.

Jag tittade upp. Hon sträckte ut en hand mot mig. Jag såg att hon log. Hon tittade på mig med klar, vänlig blick – hon ville inget ont. Jag rundade bordet och gick till henne. Hon öppnade famnen och vi kramades och jag tappade allt. Tårarna kom omedelbart. Jag försökte säga något, men det kom bara gråt.

"Men älskade gubben, inte gråta", sa mamma och smekte mig ömt över mitt bakhuvud. Mitt ansikte var begravt i hennes morgonrock.

"Såja, såja", sa mamma.

Jag försökte sluta, försökte skärpa mig. Men det gick inte. Alla de här timmarna under gårdagen, när jag stålsatt mig mot skräcken. Jag hade koncentrerat mig så för att inte gråta. Jag hade varit så stark.

Jag visste fortfarande inte vad jag gjort för fel, men mamma hade förlåtit mig nu och äntligen fick jag slappna av. Det var därför jag grät.

Orolig känsla i kroppen. Jag måste få svar. Varför ställde mamma bara in vår resa till Mjölby? Vad har jag gjort för fel? Jag går igenom våra meddelanden till varandra på senaste tiden, stegar mig tillbaka i minnet genom timmar och dagar för att hitta något som kan förklara varför hon plötsligt är så vred. Har jag sagt något som hon missförstått? Har hon hört något som jag sagt om henne via någon annan? När har vi träffats på senaste tiden och vad har hänt då?

Då kommer insikten.

Skaldjuren på Sturehof och min konfrontation för några dagar sedan. Jag trodde hon var så full att hon inte skulle komma ihåg den. Men det gör hon. Nu förstår jag varför hon är arg. Jag har brutit mot vår tysta överenskommelse, att inte prata om mammas drickande. Det är därför jag straffas.

Det gör mig inte gladare. Men jag känner mig lättad, för nu är skräcken tydlig igen.

"Skulle jag fira jul m dig o Din Fru? Naturligtvis inte."

Jag ligger i sängen tidig morgon, nyvaken och kisar in i mobilskärmen. Jag läser meddelandet om och om igen.

Det är julafton.

Jag ser att hon skickat det klockan 03.45 och det ger mig hopp. Det finns en chans att hon inte kommer minnas det alls idag när hon vaknar. Men då måste jag vara smart. Jag skickar om exakt det meddelande som jag skickade till henne igår kväll.

"Hej mamma! Visst kommer du till oss på julmiddag? Charlie ser så mycket fram emot det. Ska jag hämta dig med bilen vid 14.30? Puss"

Svaret kommer omedelbart.

"Nej, tack! Vi träffas helst inte mer."

Ända sedan vi åt den där middagen på Sturehof för tio dagar sedan har onda meddelanden kommit i natten. Hon lovar att hon aldrig mer ska befatta sig med mig. Jag försöker förstå vad hon menar, men mina frågor besvarar hon bara med ytterligare utfästelser. Hon ska byta efternamn. Hon ska hålla sig borta från mig. Och nu när julen närmat sig började jag förstå att den faktiskt är i fara. Men jag kan ändå inte tänka mig att mamma ställer in den. Den här dagen har varit så central för oss, i alla år. Och det är den fortfarande. Jag känner mamma, jag vet hur hon fungerar. Hon kommer ändå hit, vad det lider. Lite sent släntrar hon in till jullunchen, okommenterat. Hon sitter tyst och mörk någon halvtimme, men sedan tinar hon upp. Och så säger vi inte mer om den saken.

Det piper till igen, nytt meddelande från mamma: "Du ska slippa mig."

Charlie som ligger bredvid mig vaknar till av pipet, vänder sig och somnar om. Jag sätter telefonen på ljudlöst och vänder ner skärmen. Ligger kvar och tittar upp i taket. Det är julafton och det är märkligt hur dagen känns lika avgörande för mig idag som den gjorde då. Under hela barndomen utgjorde julafton en oas för mig och mina bröder. Pappas utbrott var få, mamma var kärleksfull och närvarande. Det var som om de båda tog sig samman. Det var en dag då vi inte behövde vara på vår vakt. Vi hade fri lejd, vi kunde vara bara barn.

Jag minns julen 1979. Jag var tre år och tio månader. Det var i Spanien. Det var något med den resan. Det var ingen semester, vi bodde där länge. Jag gick på dagis där. Jag lärde mig färgerna på spanska, verde är grön. Det var julafton, vi var i en lägenhet med trä på väggarna. Jag minns att jag och min bror Niklas hade likadana brandgula pyjamasar. Jag minns att jag fick en kassamaskin i julklapp. Den där kassamaskinen skulle jag kunna återskapa på pricken. Jag minns allt med den. Jag minns knapparnas behagliga motstånd när man tryckte på dem. Jag minns hur den plingade till när kassalådan sköts ut och visade skatterna där inne. Jag minns prasslet av låtsaspengarna, skramlet av plastmynten. Jag minns att mamma hade lockigt hår, som hon lade bakom öronen. Hon satt bredvid mig med benen i kors och hjälpte mig att trycka på knapparna så att pengarna skulle rassla fram. Hon sträckte fram olika saker som hon ville köpa och jag fick berätta vad de kostade. Det var kallt på stengolvet och pappa tog en tupplur och jag och mamma lekte länge med kassaapparaten.

"En gaffel, tack", sa mamma.

"Det blir 300 kronor."

"Oj, det var dyrt."

Jag svarade inte. Jag räckte bara ut handen. Mamma betalade med ett leende. Apparaten plingade till och sköt ut lådan.

Vi lekte hela kvällen, jag och min mamma. Den här julen var guld.

Jag går upp med barnen och gör i ordning julfrukost. Barnen ska få varm choklad och vi ska tända brasan. Jag värmer lussebullar i ugnen. Jag gör allt, men jag tänker inte. Det är som när man kör en bekant sträcka med bilen och plötsligt inte minns hur man navigerat. Hux flux är frukosten bara färdig. Jag är inte där, jag hör inte barnen, jag tänker bara på mamma, som nu ställt in julfirandet.

Amanda ropar på mig från brasan i vardagsrummet – "kommer du, älskling" – och det är som att jag hör henne, fast på enormt avstånd, i stark vind. Jag läser mammas meddelande igen. Jag är lös i magen, jag blir alltid det när något sådant här händer. Jag skriver ytterligare ett meddelande till mamma från toaletten: "Snälla mamma. Jag har köpt bräckkorv bara till dig! Kan du inte komma?"

Hon svarar inte.

Men det är enligt plan. Jag vet att hon inte kommer svara, för det skulle innebära en alltför stor förlust för henne. Det finns fortfarande hopp.

"Älskling", ropar Amanda. "Vi väntar på dig!"

Jag går in till vardagsrummet, alla godsakerna på bordet, det lyser från Charlies ögon.

En annan jul, utomlands. Jag är tio år. Vi bor i en "finca" i Spanien, vilket jag tycker är festligt: Vi bor alltså i ett fängelse! Mamma måste jobba hemma i Stockholm och ska komma dagen före julafton, så jag och mina bröder och pappa är där ensamma i tio dagar. Vi pratar med mamma i telefon varje kväll. Den ena sonen efter den andra tar luren och byter några ord. Varje gång frågar mamma om vi tar på oss solkräm. Hon är så orolig för att vi ska bli brända. Pappa bryr sig inte om sådant, det är det mamma som gör. Samma dag som mamma ska komma ligger jag på magen på den torra gräsmattan utanför huset. Stråna sticker genom handduken. Jag ligger där i timmar, bränner mig på ryggen med flit. När mamma kommer med bilen står vi på rad och tar emot henne. Jag ser henne genom bilrutan. Hon får syn på min röda rygg. Jag är så bränd att hon blir tagen av det. Det blir så varmt i magen då, för att hon ser mig. Senare på kvällen smörjer hon in mig noga. Hennes mjuka händer mot min rygg.

Gästerna anländer till julmiddagen. Det är bara Amandas familj. Hennes pappa och mamma och båda hennes systrar. Jag har dukat en tallrik till mamma också, på kortsidan, finaste platsen. Ingen frågar efter henne. Alla vet om hennes problem, men vi pratar inte om det. Det är julafton och jag sitter vid köksbordet tillsammans med en rad människor som jag inte riktigt känner. Jag är värd för julmiddagen, men jag känner mig som en gäst. Amandas släkt är som en manet i havsströmmen. Den böljar över bordet, den är en och samma organism. De vandrar fram och tillbaka mot julmaten på diskbänken, de rör sig så elegant och de pratar så ledigt med varandra. De kommer alla från samma plats. De är så avslappnade och pigga och vänliga. Någon berättar en historia, ett gammalt minne om någon person som jag inte känner till. Historien är intern och inte till för mig. Vid slutklämmen skrattar alla runt bordet. Jag känner igen ljuden av familj vid mid-dagsbordet, bestick mot porslin och mummel och skratt.

Jag fiskar upp telefonen ur bakfickan för att kontrollera om mamma hört av sig. Jag gör det om och om igen, blixtsnabbt, ingen märker. Jag går in i hallen ett par gång-er och ringer henne, men hon har stängt av telefonen. Calle har fått besked om att hon är hemma, ensam. Jag matar mig själv med bilder av henne, där hon sitter i sin lägenhet i mörkret.

"Ska vi tända ljusen i granen?" frågar Amanda.

År efter år har jag släppt på traditionerna från min gam-la familj. Vi äter inte julskinkan varm längre. Vi gör inte mumma. Vi har inte lutfisk på julbordet. Vi gör inte den där festliga marsipanigelkotten som stod längst fram på godisbordet. Men mörka rummet vill jag fortfarande göra.

Varje jul i hela barndomen placerade vi oss i ett mörkt

rum medan pappa tände de levande ljusen i granen. Tanken var att våra ögon skulle bli vanda vid mörkret, och när vi sedan blev utkallade av pappa så skulle ljusens prakt slå oss med häpnad, våra skumma ögon gjorde att ljusen sprakade, glödde där i granen. Jag föser in Amandas släkt i Charlies rum. Jag har gjort i ordning allting noga. Jag har dragit ner rullgardinerna. Jag har till och med tejpat för nyckelhålen, så att inte ljus ska sippra in från hallen. Det kanske är att ta det för långt, men jag vill inte ha en enda ljuskälla här inne. Mörkret ska vara kompakt. Jag tänder ljus efter ljus i granen, det bränner i magen. Jag återskapar julafton från barndomen.

"Nu är det färdigt", ropar jag och Amanda hjälper mig att slussa ut gästerna till vardagsrummet igen och ber dem blunda, de går huller om buller, fnitter och ursäkter när kroppar stöter in i varandra. "Nu kan ni öppna ögonen", ropar jag högtidligt när de står framför granen. Och den lyser och glimmar och alla ropar: "Åh!" Jag märker det först då. Det där fnittret. Det där överdrivna åh-ljudet. De byter blickar med varandra. De tycker att det är fånigt. De går med på det här för min skull. Det är som att jag är ett barn, och de andra säger "åh" för att göra mig glad.

Julafton 1992. Jag är sexton år. Mamma får en luftrenare i julklapp av pappa. Hon röker två paket cigaretter om dagen, ibland är det så disigt av röken att detaljer försvinner i rummet. Med luftrenaren kanske det kan bli mer drägligt här, menar pappa. Mamma säger "tack för mig", reser sig och går. Hon stänger in sig på sitt rum. Pappa förstår ingenting, men det gör jag. Vad är det för julklapp? Pappa blir olycklig och rådvill, men skickar snart fram oss för att locka ut henne. "Snälla mamma, kom ut", säger jag genom dörren. "Det finns många klappar kvar." Mamma säger att hon inte är intresserad.

"Snälla, mamma."

"Nej. Faktiskt inte."

Hon kommer ut till slut. Sitter med armarna i kors en stund, men pappa har ett trumfkort. Han försvinner in på sitt rum och kommer tillbaka med ett stort paket, inslaget i NK-papper. Mamma fortfarande tystlåten och motvalls, men öppnar paketet. Där ligger en päls. En äkta päls.

"Nämen älskling", mumlar mamma och fingrar på sömmarna. Hon tittar upp på pappa, deras blickar möts.

"Jag kan inte tro att det är sant", säger mamma.

"Du har alltid velat ha en", säger pappa. "Nu köpte jag en."

Mamma och pappa bestämmer sig för att ta en promenad i julnatten. Mamma vill prova pälsen i utomhustemperatur. Jag vill följa med och det får jag. Det är så kallt att snön gnistrar. Mamma och pappa håller armkrok.

"Vad tycker ni nu då?" frågar mamma och tar några steg, går med händerna i pälsfickorna och gör poser som modellerna på catwalken. Jag och pappa skrattar.

Senare på kvällen tar mamma och pappa fram resterna från julbordet. Aluminiumfolieprassel. Skinka och stark senap, edamerost med röda kanter som ringlar längs diskbänken när pappa skalar den. Öl och snaps på bordet. De skålar och tittar på varandra, inte ömt kanske, men med värme. Plötsligt hörs ett surrande ljud från vardagsrummet, som en svag motor som startar. Niklas kommer in i köket.

"Nu är luftrenaren igång."

Mamma och pappa skrattar, håller varandras händer över bordet.

Det var en bra jul.

Amanda håller i julklappsutdelningen, styr paketens riktning från julgranen, skickar dem vidare till syskonen och alla barnen. Det är enormt många julklappar, barn sliter upp papper, tittar nyfiket på sina presenter och släpper dem i golvet, för nu kommer en till! När allt är färdigt hämtar vi oss i soffgruppen. Kvar under granen ligger två julklappar. Det är dem jag skulle ge till mamma. En scarf från Hermès som vi tittade på en gång på NK. Hon sa:

"En dag, Alex, ska jag ta mig råd att köpa en sån." Och en ljusstake som jag tänkte att hon kunde ha på sitt köksbord. Jag plockar diskret upp dem och går med dem till sovrummet, det ser så sorgligt ut när de ligger där.

Julafton 1993. Vi firar med pappas släkt. En massa halvsyskon som är mycket äldre än vi. Sent på kvällen, Calle har gått och lagt sig, det ligger mindre barn än så och sover i soffor och barnvagnar. Men jag är vaken, jag sitter uppe vid vuxenbordet, vid de tända ljusen under kvällsvickningen, lyssnar och iakttar – och försöker delta. För jag är nästan där nu, nästan en av dem. Många glas på bordet, halvdruckna vinglas, drinkglas med isbitar, mamma rullar en cognac-kupa med ena handen, hon gör det så elegant, den mörka vätskan ser ut som kiss från en sjuk människa. Hetsig stämning plötsligt, höga röster över bordet, jag vill delta så jag säger något, men blir avbruten av min halvsyster: "Jo, men håll käften nu." Jag tystnar genast, samtalet fortsätter, men jag ser hur mamma mörknar. "Så där säger du inte till min son", säger hon. Min halvsyster invänder något och mamma avbryter, hon skriker nu: "Nej! Så där säger du inte till min son!"

"Lugn nu, Lisette", säger pappa.

"I helvete att jag ska lugna mig! Man säger inte så till min son!"

Hon reser sig och tumult uppstår, upprörda grötiga röster och försök till medling. Nu lugnar vi ner oss. Nu glömmer vi det här. Men mamma bara fortsätter. "Man säger inte så till honom!" Varje gång hon säger det så är det som att jag växer lite.

De sista av Amandas släktingar har gått hem. Jag står i köket och plastar in maten som blivit över. Samlar ihop paketpappren i en svart plastsäck. Blåser ut alla ljusen. Metodiskt utrotar jag alla spår av att det en gång varit en middag här. Det piper till i telefonen, meddelande från mamma.

"Glöm."

Jag skriver tillbaka: "Glöm vadå?"

Hon svarar inte.

Många timmar senare, jag ligger i sängen och tittar upp i taket, känner fasan strömma. Det går inte att sova. Jag hör de olika andetagen från Amanda och mina två barn som sover i sängen omkring mig. Det kommer tillbaka, trycket mot bröstet, som om ett stort djur satt sig på mig där i mörkret. Det piper till i telefonen, telefonskärmen lyser upp rummet från nattygsbordet. Det är mamma igen.

"Glöm mig."

Annandag jul.

Jag vaknar mitt i natten av att telefonen piper till av ett meddelande från mamma: "Ni ska inte behöva stå ut med mig mer." Jag ligger och kisar in i den blåa skärmen. Jag avstår från att svara. Jag vet att det är rätt sak att göra. Men jag tänker ändå så mörka tankar. Jag ligger vaken sedan, med hög puls. Mamma skriver igen: "Du ska slippa mig. Jag lovar." Det hugger till i hjärtat. Och efter en stund kommer ytterligare ett meddelande: "Du får som du vill. Grattis." Jag skriver till henne: "Jag förstår inte. Vad menar du?" Jag vet det redan på förhand, vad hennes nästa drag ska bli. Hon avstår från att svara. Det är så hon får mig på kroken. Det är precis detta denna förfinade tortyr går ut på. Och jag skriver igen.

"Hallå?"

Inget svar. Jag skriver igen.

"Mamma, du kan väl svara?"

Inget svar. Jag går upp och sätter mig i köket. Ska mamma ta livet av sig? Har hon redan gjort det? Och jag tappar kontrollen i min förtvivlan. Jag skriver till henne. Tio meddelanden.

03.43: Mamma?

03.46: Är du hemma? Ska jag komma över?

03.50: Ring mig!

03.56: Hallå?

04.01: Säg om jag har gjort nåt, för jag förstår inte.

04.08: Jag vill inte slippa dig. Vad är det som har hänt?

04.09: Du kan väl svara och säga att du är ok.

04.12: Hallå?

04.13: Mamma?

04.20: Du måste svara, mamma.

Jag börjar ringa henne om och om igen. När hon inte svarar ringer jag till Calle och vi försöker lägga pusslet tillsammans. Calle försöker också ringa, men hon svarar inte. Vi kontaktar Niklas. Tre bröder ger sig ut i natten, taxi till S:t Eriksgatan, vi ringer på dörren och när ingenting händer står vi där och bultar och bultar. Till slut kommer otydliga ljud inifrån lägenheten. Mamma säger "ja, ja". Vi hör hur hon långsamt rör sig över golvet.

"Hej, ungar."

Mamma i morgonrock. Hon kisar mot skenet i trapphuset. Långsamma rörelser när hon häller upp kaffe i våra koppar. Trevande samtal om ingenting. Mamma tar en cigarett, möter inga blickar, tittar ut genom fönsterrutan.

"Mamma. Vad är det som händer?" säger Niklas till slut.

"Vad det är som händer?"

Jag brukar kunna känna av saker, jag kan förutspå mammas känsloutspel långt innan hon själv vet att hon ska få dem. Men det här förutser jag inte. Hela scenen förändras så snabbt och oväntat. Plötsligt faller mamma i gråt. Armbågarna på bordet och handflatorna över ögonen, hon gråter stilla. Ingen av oss vet hur vi ska reagera. Calle lägger en hand på hennes axel. Handen bara ligger där, som död. Jag och Niklas sitter kvar och tittar ner i bordsskivan. En dysfunktionell mamma med sina tre dysfunktionella söner. Det är märkligt hur vi inte gör något. Så många gånger som vi stått bredvid mamma när hon gråtit, stumma och oroliga. Någon lägger en hand på hennes axel. Vi andra står bredvid och säger ingenting, vi väntar på att det ska upphöra. Vi är oförmögna att trösta henne. Trots att scenen är så bekant. Trots att det hänt så många gånger i barndomen.

En morgon på torpet. Mamma och pappa hyser en irritation mot varandra som sakta stegras över frukostbordet. Mamma anmärker på pappa, kritiserar honom. Hon uttrycker sig allt mer hånfullt. Och pappa svarar, han säger fruktansvärda saker. Vi är tre bröder som sitter och lyssnar, som blir svagare för varje elakhet som delas ut. Frukosten slutar illa. Bara vaga minnesbilder. Han jagar henne och hon flyr. Kamp mellan dem vid en dörr, de sliter båda i dörrhandtagen. Och så utdelas ett slag, det är som att allt syre tar slut där, minnet tappar fart och krymper.

En stund senare går pappa med bestämda kliv upp för trappan, upp till sovrummet. Han rafsar ihop kläder i en bag och kommer ner igen, stormar ut. "Jag sticker", säger han. "Och kommer inte tillbaka!" Han sätter sig i bilen, river iväg upp för backen och är borta. Det är så tyst sedan, jag och mina bröder sitter kvar i köket. Mamma går ut till uteplatsen och tar en cigarett. Vi kommer ut till henne, en efter en. Hon gråter stilla. Vi står bredvid henne. Ingen kan komma på något att säga, det här är ett ljudlöst försök att trösta henne. Det är vårt sätt att ta parti. Hon gråter länge, vi står kvar i onaturliga kroppshållningar. Efter tio minuter reser hon sig och går in. Efter en timme kommer pappa tillbaka. De försonas också ljudlöst, utan att säga något till varandra, det är underförstått. Nu går vi vidare.

Men de andra gångerna är besvärligare, de gånger gråten kommer från ingenstans. Det blir så diffust. Mamma är ledsen, ingen vet varför. Jag kan komma ner för trapporna en sen kväll och gå förbi vardagsrummet och så sitter hon bara där i sin fåtölj. Teven är avstängd, och det är nedsläckt, så jag märker henne inte på en gång. Men där sitter hon och gråter.

"Är du ledsen?" frågar jag.

"Nej då", svarar mamma och torkar sig om kinderna. "Jag mår bra. Gå och lägg dig nu."

Jag står kvar, för jag ser ju att hon gråter. Men jag är inte förmögen att göra mer än just det, att stå kvar.

"Puss", säger mamma efter en stund. "Gå och lägg dig. Jag mår bra."

Och nu står vi här igen, tre bröder utan möjlighet att trösta på annat sätt än att vara stumma och nära.

"Gråt inte mamma", säger Calle.

Hans hand ligger kvar på hennes axel.

"Var inte ledsen", säger han.

"Jag är inte ledsen", säger mamma. "Det här handlar om nåt annat." Mamma fattar tag i den hand som ligger på hennes axel och kramar till den en gång, ett tecken på att han kan avbryta sin operation och återvända till bordet. Calle sätter sig ner igen.

"Jag vet faktiskt inte ...", säger mamma och tystnar. "Jag vet faktiskt inte vad det här ska vara bra för."

"Vad?" frågar jag.

"Livet."

"Sluta mamma."

"Nej, jag vet inte det. Förstår inte vitsen med det."

"Säg inte så."

När mamma signalerar att livet inte är värt att leva så är det som om luften går ur mig. Det är en atombomb. Jag kan inte hantera det, jag blir bara tyst och när jag till slut får talförmågan tillbaka så stammar jag svårt, som i barndomen. Jag invänder, men orden kommer inte fram.

"Jo, faktiskt", säger mamma. "Det var länge sen jag kände att jag hade nåt att leva för."

"Du har ju massor att leva för", svarar jag.

"Jaså. Vadå?"

Ingen av oss vågar föreslå det självklara. Att vi är hennes barn och att hon har oss att leva för. I den panik som följer, eller om det är förtvivlan, så gör jag ett avgörande misstag. Jag vet att det är min uppgift att ge min mamma något att leva för. Jag vet att det bara är jag som kan göra det. Och jag tänker att jag ska ge henne något att leva för genom att ge henne det dyraste jag har, jag ger henne min dotter.

"Varför tar du inte Valhallavägen?"

"Östermalmsgatan går fortare."

"Nej, det gör den inte. Tro mig, jag bor här."

Taxichauffören vill invända ytterligare en gång, jag märker det när jag ser honom i backspegeln, hur han gör en ansats, men han avstår till slut. Han skakar omärkligt på huvudet. Jag och Amanda och Frances är på väg hem från restaurang Sturehof i brådska. Frances sover sedan länge i sin stol. Vi har ätit middag, men avbrutit den innan efterrätten, för mamma är barnvakt till Charlie där hemma och nu svarar hon inte i telefon. Senast jag hörde från henne var för en timme sedan. Då skrev jag ett meddelande och frågade hur det gick. Hon svarade: "Allt går bra." Och sedan, omedelbart efter skrev hon: "Ouss."

Jag skrev tillbaka: "Sover hon?" Jag fick inget svar. Jag skrev till henne igen och igen. Jag började ringa henne. Och sedan avbröt vi allt och åkte hem.

Jag lovade Amanda. Jag sa till henne om och om igen att hon inte skulle vara orolig, att det här skulle gå bra.

Amanda var tveksam, men jag var helt säker. Jag visste att mamma inte skulle dricka när hon nu fick uppdraget att ta hand om min dotter en kväll. Jag märkte det på en gång när jag frågade mamma om hon ville, hur glad hon blev och hur viktigt det var för henne. Det var ett så fint samtal. "Jag kan komma när som helst, hur länge som helst", sa hon. När vi avslutade samtalet sa hon: "Tack, Alex." Jag var så säker. Hon skulle inte komma på tanken att dricka.

Allt hade börjat så bra. Mamma hade kommit hem till oss i tid. Jag såg på henne att hon var nykter. Jag visade henne teven, om Charlie skulle somna. Hon tittade misstroget på fjärrkontrollen. "Jaha, det löser sig väl", muttrade hon.

Vi stiger ur taxin, plöjer oss fram genom januarislasket på trottoaren. Amanda bär Frances och jag springer före henne upp för trapporna, låser upp dörren och säger: "Hallå!" Ingen svarar. Jag ropar igen.

Jag måste hitta Charlie. Var är hon?

Jag går in i vardagsrummet, och där ser jag mamma. Hon sover i soffan. Hon vaknar till av ljuden och sätter sig upp. Hon tittar upp mot mig med en blick jag så väl känner igen. Det är en blick från min barndom, från min ungdom, från mina vuxna år. Den har alltid funnits med.

Den där blicken.

Man ser inga ögonvitor, det är bara mörkt och grumligt, det är som att det är någon annans ögon som simmar runt där inne i mammas ansikte. Det är den okontaktbaras blick.

Jag såg den första gången när jag var fem år. Det är kväll, alla har pyjamas. Ikväll är det Melodifestivalen! Vi gör popcorn, mamma poppar dem i smör, för de blir så mycket godare då. Mamma och pappa blandar sina groggar i köket. Mamma dricker Grappo och gin. Pappa dricker whisky och sodavatten. Vi får hjälpa till med is som vi bankar ut på diskbänken. Vi barn fascineras av de fysikaliska lagar som plötsligt gör att isbitarna fastnar i diskbänksplåten.

Vi gör chokladbollar. Mamma blandar allt med händerna i skålen. Smet på grogglaset när hon dricker sin drink under tiden. Vi har inget pärlsocker, så vi får ta vanligt socker. Jag och Niklas säger att vi kan rulla dem i sockret själva, mamma försvinner till vardagsrummet med sitt glas. Vi kommer på ett bus. En av chokladbollarna ska vi rulla i salt och lägga bland de övriga. Vi viskar och fnissar. Vi bär ut chokladbollarna till bordet. "Oj oj, vad fint", säger mamma. Tända ljus på bordet. Gula lampor i fönstren, varmt sken. Mamma har känsla för det där. Hon släcker taklampan i hallen, för hon säger att den lampan är kall. Jag och min bror sitter i soffan, och vi kan inte slita blicken från tallriken med chokladbollarna. Pappa tar en boll, men väljer inte den med salt på. Mamma tar en, men hon klarar sig också. Kvällen vandrar fram, låt efter låt, vi får vara uppe till sent. Mamma och pappa tar vändor till köket, mer Grappa-gin och mer sodavatten-whisky. Till slut händer det. Mamma plockar upp chokladbollen med salt på. Hon stoppar hela i munnen. Hon tuggar en gång och stelnar sedan i rörelsen. Spottar ut bollen i handen. Vi blir äntligen förlösta, jag och min bror. Vi fnissar hysteriskt. Men det blir inte som vi tänkt oss. Mamma vänder sig mot oss.

Där är blicken.

Hon ser på oss utan att titta på oss. Det går inte att se in i de ögonen. Det går inte att få fäste i dem. De närmar sig och försvinner. Jag har aldrig sett mamma med sådana ögon. Vi tystnar.

"Vidriga ni är", säger hon. Och så reser hon sig upp och går. "Jag går och lägger mig", säger hon tyst. Pappa reser sig.

"Lisette, kom tillbaka!"

Hon stannar upp och vänder sig mot oss.

"Absolut inte", säger hon.

Den blicken.

Om och om igen genom hela barndomen.

Jag vaknar en natt av en mardröm och gråter förtvivlat. Jag ligger länge i mörkret och skriker. Men ingenting händer, ingen förälder kommer in och sätter sig på sängkanten och säger "såja". Så till slut tystnar jag där i sängen. Det är ingen idé att skrika, för ingen kommer. Jag hör ljud från vardagsrummet. Jag tror teven står på. Är någon ändå vaken? Jag går upp. Blått ljus från teven, där sitter mamma i soffan. Hon har somnat. Jag stänger av teven. Jag klappar henne försiktigt på ryggen. Hon sätter sig upp, tittar på mig med de där ögonen. "Men älskling, vad gör du uppe?" säger hon. "Gå och lägg dig." Jag vänder om mot mitt rum, hör hur hon blåser ut ljus, plockar undan glas och flaskor. Hon passerar mig sedan på väg mot sitt sovrum, tittar på mig med den där blicken.

Den blicken.

Jag är trettio år och gifter mig på en stor herrgård. Vi ska just skära tårtan och sedan blir det bröllopsvals. Men det råder orolig stämning, nyckelpersoner är försvunna. Mamma har inte synts till på ett bra tag. Och nu är marskalkarna borta också. Jag lösgör mig från festen, springer i korridorerna. Jag hittar dem till slut, på mammas rum. Det är full uppståndelse. "Jag vill inte medverka längre", hör jag mamma skrika. Och vänliga röster försöker få henne på andra tankar. Jag vet inte vad som har hänt, det kan vara vad som helst. Att hon fick en dålig placering vid middagen. Att jag inte nämnde henne vid mitt tacktal.

"Men, Lisette. Du kan väl komma ner och äta en bit tårta i alla fall", säger en av marskalkarna.

"Nej tack!"

Jag kommer inte in i rummet för det är så mycket folk. Men jag ser henne från dörröppningen, genom folksamlingen. Hon sitter på sängkanten med unga män klädda i smoking runt omkring sig. Hon tittar upp, för en sekund möts våra blickar. Ögonen simmar runt där inne, någon annans ögon.

Den blicken.

Jag är tolv år, jag smyger upp i natten. Jag är rädd för att mamma ska brinna upp. Mamma har en tunn siden-morgonrock, den bär hon dag som natt under sina säng-liggande perioder. Morgonrocken har brännmärken på båda ärmarna och på bröstet. Jag har förstått att märkena kommer från hennes cigaretter. Hon somnar till när hon ligger i sängen och röker om nätterna och då tappar hon ciggen. Jag kartlägger märkena försiktigt vid frukosten om morgnarna, lägger märke till när nya märken tillkommer. Jag kan inte sova, för jag tycker att det luktar bränt.

Så jag smyger upp. Försiktigt öppnar jag dörren till hennes sovrum för att se att alla cigaretter är släckta. Hon ligger där klarvaken och läser en tidning.

"Hej gubbe", säger hon. "Vad gör du?"

"Inget, skulle bara kolla att allt var bra."

"Allt är bra. Gå och sov nu."

Hon tittar på mig, med kärlek i den grumliga blicken. Den blicken.

Och nu står jag i hallen och ser mamma i soffan. Hon tittar på mig med den där blicken. Jag hittar inte Charlie. Jag ser henne inte någonstans.

"Var är Charlie?" frågar jag.

Mamma svarar inte, hon öppnar bara munnen litegrann och stänger den sedan. Hon tittar sig omkring i soffan, som om hon letar efter sina glasögon.

"Var är Charlie?" ryter jag.

Mamma blir rädd, ryggar tillbaka. Jag springer in i köket. Jag ropar på henne. Ingen svarar. Det är som att falla genom sig själv. Jag går in i sovrummet, hon ligger inte i sin spjälsäng. Jag springer in i alla rum, hittar henne i badrummet. Hon sitter där på golvet med toalettpapper omkring sig. Hon har dragit ner byxorna och trosorna. Det är bajs överallt, längs hennes lår. Hon försöker torka bort det med toalettpapper. När hon ser mig sätter hon pekfingret till munnen och viskar: "Vi måste vara tysta, för farmor sover!"

Amanda rusar in och tar hand om henne, jag går ut till mamma igen. Hon sitter kvar i soffan, ögonen simmar genom rummet.

"Vad hände?"

"Det var väl inget som hände."

"Somnade du?"

"Nej, verkligen inte."

Jag tittar mig omkring. Jag ser ner i hennes handväska. Där ligger en vinflaska. Hon har haft med sig eget vin. Jag hör hur Amanda duschar av Charlie i badrummet.

"Jag ringer en taxi till dig", säger jag.

"Nej, jag kan gå hem."

"Det är tre kilometer hem till dig."

"Det går bra."

Jag ringer en taxi. Mamma samlar ihop sina cigaretter och tändare. Hon reser sig på ostadiga ben. Jag erbjuder henne min arm som stöd. Vi passerar badrummet, Amanda är kvar där inne. Jag förstår att hon inte vill träffa mamma.

"Nu går mamma!" ropar jag.

"Hej då", säger Amanda där inifrån.

Jag hör på Amandas röst att hon gråter.

Jag följer mamma ut i trappuppgången och ner i hissen och ut på gatan. Vi säger inte ett ord till varandra under hela tiden. Det är helt tyst. Jag leder in henne i taxin och sedan åker hon iväg.

Jag går tillbaka upp i lägenheten. Står rådvill i hallen en stund. Dörren till Charlies rum står på glänt, jag ser Amanda där inne. Hon står lutad över Charlies säng och stryker en försiktig hand fram och tillbaka över hennes rygg. Det är så hon får henne att somna. Det blänker av tårar på Amandas kind. Jag sätter mig i soffan och väntar på henne. Hon kommer ut efter en stund, men passerar mig utan att säga något och går till badrummet. Där inne äger skiftet rum, där inne kommer vreden.

Och bråket mellan oss skramlar fram där i natten, alla hårda ord vi kastar på varandra. Jag försvarar mig vilt. Och jag försvarar mamma. Men jag vet ju att Amanda har rätt. Och när hon till slut kräver av mig att jag ska göra något, inte för mammas skull utan för vår relations skull, för våra barns skull, så tystnar jag. Jag säger ingenting. Men inne i mig gror beslutet. Jag har bestämt mig.

Restaurang Lilla Prärien på S:t Eriksgatan, rakt mitt emot mammas lägenhet. Det är där mamma sitter och dricker om dagarna. Det har hon gjort varje dag sedan hon förlorade jobbet. Hon har med sig Svenska Dagbladets helgkorsord. Hon beställer in en smårätt, som hon mest petar i, och sedan dricker hon vin. Jag har aldrig varit här förut. Jag går fram till en bardisk som är oproportionerligt hög, jag känner mig som ett barn som tittar upp.

"Hallå", ropar jag in mot köket.

Mörka väggar, bruna möbler. Snöslask och grus på stengolvet. Restaurangens logotyp är en drake, som finns målad på ena fondväggen. Den hånler mot gästerna och visar tänderna.

En man kommer fram ur gömmorna. Mörkhyad, med stor mage under en tajt t-shirt med draken tryckt på bröstet. När han ser mig spricker han upp i ett leende.

"Nämen, storbesök!" Han vänder sig in mot köket och ryter: "Annette!"

Det är han som äger krogen, tillsammans med sin fru. Han skakar min hand hårt och länge. De är så glada att ha Lisette som gäst. Hon sitter alltid i hörnet där och löser korsord och tar sig ett litet glas och det är så trevligt.

Jag hatar honom. Han bistår mammas drickande. Men jag vill inte vara otrevlig. "Mamma pratar alltid så väl om det här stället. Och om er", säger jag.

"Vad snällt av henne", säger mannen och lutar sig leende fram mot mig. "Du ska veta att din mamma pratar fint om dig också. Ibland har hon med sig krönikor som du skrivit som hon vill att vi ska läsa. Hon är så stolt."

Jag kan omöjligt tro att det är sant. Har mamma haft med sig mina krönikor för att visa upp? Jag trodde inte hon läste dem över huvud taget. Inte en enda gång har hon pratat med mig om dem.

Jag startade en egen tidning 2006. Ett livsstilsmagasin. Dag och natt i tre månader satt jag med det första numret. Jag var så stolt när det kom ut. Carolina Gynning på omslaget. Jag åkte hem till mamma för att ge henne ett ex av tidningen, precis när det hade kommit från tryckeriet. Några veckor senare var jag tillbaka hos henne. På soffbordet i vardagsrummet låg min tidning. Jag undersökte den när mamma var på toaletten. Det gick att se på en gång, på den oskadade limningen på tidningsryggen och på hur sidorna fortfarande satt fast litegrann i varandra: hon hade inte läst den. Hon hade inte ens öppnat den och bläddrat lite.

Jag blir anvisad till mammas stammisplats och sätter mig ner för att vänta på henne. Det börjar bli liv i lokalen. Middagsgästerna trillar in. När någon öppnar dörren huttrar hela restaurangen. Dörren går inte riktigt igen, en irriterad gäst som satt sig alldeles vid ingången knuffar till den så fort någon kommit in. En servitris går runt och byter ut värmeljusen på borden. Jag får ett meddelande från mamma: "Blir lite sen"

Jag blir genast orolig för att hon skrivit meddelandet utan att sätta punkt. Det betyder i regel att hon är på dåligt humör. Det går att läsa ut så mycket av de meddelanden hon skickar till mig. Vi kommunicerar bara via chattfunktionen på Wordfeud, ett alfapetspel där man kan spela mot varandra genom sina telefoner. Det är i spelandet och i våra meddelanden som jag kalibrerar hela vår relation. Ibland pratar vi med varandra där på ett sätt som kunde påminna om ett normalt, kärleksfullt förhållande mellan mor och son. Jag lägger ordet "MILO" och får 54 poäng. Mamma skriver: "Äsch. MILO! Vad är det för ord? Det finns ju inte." Jag lägger ordet "OM" och mamma skriver: "Elegant …" Jag har vunnit tre spel på raken och jag skriver: "Frågan är nu om du nånsin kommer att vinna över mig igen." Mamma svarar snabbt: "Drop dead, Alexander!" De där gångerna när vi gnabbas och retas med varandra, då känner jag mig nära henne. Jag tycker om henne. Men mammas humör ändras fort. Därför lär jag mig minsta skiftning i detalj. När hon använder utropstecken är hon på gott humör. När hon avstår från att skriva punkt efter meningen så är hon sur på mig för något. När hon inte svarar så är hon besviken på mig. När hon är riktigt arg så avslutar hon helt sonika spelet. Då kommer meddelandet upp på min skärm: "Lisette Schulman resigned." Det är hennes sätt att säga: jag vill inte ha med dig att göra. Jag skickar en inbjudan till ett nytt spel. Det är mitt sätt att säga: jag vill att vi ska vara vänner. Hon avböjer spelet. Det är hennes sätt att vidhålla. Jag skriver till henne: "Mamma, är allt bra?" Hon svarar inte. Det är så vi kommunicerar, och inte kommunicerar.

Mamma kommer in, gästen som sitter vid entrén stänger irriterat dörren bakom henne. Ägarna kommer fram och kramar om henne och pekar åt mitt håll. Hon sätter sig mitt emot och beställer ett glas rött.

"Mamma, det är nåt jag måste säga till dig."

"Jaha", säger mamma.

Jag vågar inte möta hennes blick, så jag tittar ner i bords-skivan medan jag fingrar på ett saltkar.

"Jag är så ledsen och skakad över vad som hände igår med Charlie."

Mamma svarar inte. Hon tar fram sin handväska och börjar plocka med den, plötsligt mycket upptagen med att hitta något där inne.

"Jag mår så dåligt över det här. Men egentligen har jag varit ledsen och skakad mycket längre tid än så. Kommer du ihåg den där eftermiddagen när Frances just hade fötts, när du var hemma hos oss och åt tårta?"

"Ja."

"Det hände nåt med mig då, som du kanske inte känner till. Jag bröt ihop. Jag har inte kunnat arbeta sen dess, inte kunnat skriva. Jag har haft panikångestattacker. Jag förstod först inte varför jag plötsligt mådde så dåligt, men till slut fattade jag att det hade med dig att göra. Och ditt drickande."

Jag tystnar för att släppa in mamma, men hon säger ändå ingenting. Jag tittar fortfarande inte upp, men jag ser i utkanten av min blick att hon tittar på mig.

"Jag säger det här både för din skull och min skull, för jag vill att vi ska överleva båda två. Vi kan inte ha det så här. Du måste sluta dricka. Och jag vill gärna hjälpa dig. Jag har pratat med ett behandlingshem som gärna tar emot dig. Jag kan betala."

Jag tystnar återigen. Jag tittar för första gången upp på mamma. Det är omöjligt att förstå vad hon tänker eller känner.

"Jag vill inte träffa dig när du är onykter. För jag klarar inte av det. Och jag vill inte att du träffar mina barn när du är onykter heller. Och jag vet att det låter onödigt hårt, men så här måste det bli. Du får aldrig mer träffa varken mig eller mina barn om du druckit."

Så kommer då äntligen en reaktion. Ett försiktigt leende sprider sig över mammas läppar. Hon tittar på mig en stund. Sedan säger hon stilla: "Det blir nog bra."

Hon känns uppriktig. Jag tror att hon menar vad hon säger. Sedan reser hon sig upp och går.

Jag åker hem och hinner bada med barnen och lägga dem. Senare på kvällen berättar jag för Amanda om mötet. Jag återger vad mamma sa och att jag inte blev klok på det. Amanda håller med om att det låter konstigt. Men så tillägger hon: "Det kan ju vara så att hon faktiskt förstår att hon måste sluta. Och då är det ju bra. Men det är nog stor risk att hon inte håller med dig."

"Varför tror du det?"

"Din mamma har ju en sjukdom. För henne är drickandet det viktigaste. Och om du ställer ett sånt krav då hotar du hennes drickande. Det skulle kunna göra dig till hennes största fiende."

Det plingar till i telefonen. Jag plockar fram den ur bakfickan. Det är ett meddelande från Wordfeud: "Lisette Schulman resigned."

"Blir tacksam om jag slipper se dig, för all framtid."

Mammas vrede är stor, men jag märker bara av den på natten. Det är då hon skickar meddelandena. När jag vaknar på morgonen är telefonskärmen full av dem. Meddelanden från henne, det ena mer oförlåtande än det andra. Ända sedan jag krävde att hon skulle sluta dricka, så har det blivit tydligt: jag är fienden. Hon umgås fortfarande med mina två bröder, men mig vill hon inte ha med att göra. På dagtid vill hon inte ha någon kontakt alls. Jag försöker skicka vänliga meddelanden och ibland ringer jag, men hon svarar aldrig. Och så kommer natten med hennes mörka explosioner av hat. Ibland tio på raken, som stegrar i raseri. Det är som om all hennes vrede samlas i de där meddelandena. Alltid samma skräck när jag vaknar om morgnarna – ju fler meddelanden som ligger där på rad på telefonskärmen, desto större är hennes urspårning. Och hon uttrycker tankar som är så sårande och kränkande att saker går sönder inne i mig. Det är inte det att jag är ledsen. Jag är oroad, för försoningen. De här meddelandena driver oss längre och längre ifrån varandra. Några av sakerna som hon skrivit kommer jag aldrig glömma så länge jag lever. Och det värsta är att hon inte kommer att minnas en enda av dem. Hon har glömt bort dem redan morgonen därpå. Jag hatar att hon gör det, för då behöver hon inte stå för dem. Då kan vi aldrig prata ut om det.

Vad minns hon egentligen av allt som hänt?

Jag tänker på vad som ska ske sedan, efter allt det här. Om mamma en dag blir nykter, och om vi en dag försonas. Hur kommer det att gå till?

Kommer hon att säga förlåt?

Eller har hon glömt allt? Jag minns för något år sedan när jag var hemma hos mamma och fikade. Mamma hällde upp kaffe i två koppar. "Titta på den här", sa hon. "Den har du gjort."

Det var en liten kopp i keramik, klumpigt glaserad. Den hade gått sönder och blivit hoplimmad. Jag kände mycket väl igen den.

"Nej, den har Niklas gjort", sa jag.

"Jaså", sa mamma och tittade på den. "Den är så fin. Tråkigt att den har gått sönder."

Tråkigt. Hon mindes alltså inte hur den gick sönder. Men det gör jag. Jag är fem år, Niklas är åtta. Vi ritar med kritor i köket. Mamma går runt och städar lägenheten. Det går att lista ut vilket humör mamma är på om man lyssnar på städningen. Ju hårdare hon städar, desto mer irriterad är hon. Just idag är hon arg, det smäller i skåp och dörrar. Hon går hårt, med hälarna mot golvet, och mumlar saker i falsett för sig själv. Det mesta handlar om att hon på det ena eller andra sättet håller på att "bli galen" eller "tokig". När hon hittar någon av våra leksaker på en plats där den inte ska vara, så säger hon att hon är på "ett dårhus". Så fort hon hittar en leksak som ligger på fel plats så plockar hon upp den, tar några snabba steg mot vårt sovrum och kastar in den där. Hon kastar in den med full kraft, så att det ska låta, så att vi ska förstå att man måste ha bättre koll på sina saker. Vi ritar, men framför allt förhåller vi oss till mammas humör. Lyssnar på alla ljuden av mamma som städar hårt. Det här är en sådan dag där allt kan hända.

Hon kommer in i köket och trampar på Niklas leksaksbil som ligger på golvet. Hon tappar balansen och halkar till. Det går bra, hon håller i sig i bordskanten och undviker att ramla, men skadan är ändå skedd. "Vad är detta för dårhus", skriker mamma. "Håll koll på grejerna!" Hon går med bestämda steg mot vitrinskåpet. Hon tar fram den keramikkopp Niklas gjort i träslöjden. Hon går tillbaka mot vår plats vid köksbordet. Och så kastar hon koppen med full kraft i golvet framför oss. Skärvor flyger åt alla håll.

Jag är rädd, men jag känner också något annat, att det här var att gå över en gräns. Det här har vi inte upplevt förut. Mamma kastar ibland saker i raseri. Det sker impulsivt, en vrede som brinner till och sedan försvinner. Men det här är något nytt. Det är inte så att mamma plockar upp första bästa sak och kastar i golvet. Hon går bort till skåpet, hon tar fram Niklas kopp. Hon väljer ut den. Och så kastar hon den framför våra fötter.

Det här ritar om spelplanen. Jag minns varenda sekund. Jag kommer aldrig glömma det. Och mamma kommer inte ihåg någonting.

Vad minns egentligen mamma?

Jag är fem år, hon ska tapetsera om i vårt rum. Det ska bli blått med en bård med elefanter uppe i taket. Det är den finaste tapeten jag någonsin sett. Hon är gladlynt när hon donar med hinkarna och rullarna. Hon håller cigaretten i mungipan och kisar när hon får rök i ögonen och hon måttar med tapeten mot väggen. Hon mumlar "shit" för sig själv när det blir fel och hon får göra om. Men hon är glad! Det känns tryggt att vara här. En radio står på. Det är kallt där ute, imma längst ner på fönsterrutorna.

Vi får vara i rummet om vi håller oss lugna och om vi inte rör rullarna. Vi står där och tittar. Efter en timme är hon färdig. Det är väldigt fint. Det är som att elefanterna springer efter varandra längs hela taket! På en plats på väggen har det blivit ett glapp mellan tapetvåderna. En några centimeter stor glugg där man ser den gamla väggfärgen bakom. Niklas går fram och pekar.

"Här har det blivit fel", säger han.

"Vad är det om?" säger hon. Mamma går fram till Niklas. Jag känner fara i kroppen.

"Här har det blivit fel", säger Niklas igen. Han pekar.

"Jaha! Då ber jag så hemskt mycket om ursäkt!" ryter hon plötsligt. Mamma går fram till väggen och river ner en av våderna. Hon vänder sig om och kastar den mot oss. Hon tar tag i nästa och river ner den också. Mamma river ner tapetvåd efter tapetvåd. Omsorgsfullt kastar hon var och en av dem framför våra fötter. Till slut är hela tapeten nere. Hon lämnar rummet utan att titta på oss. Vi står kvar med tapetrullarna i drivor runt våra fötter.

Minns mamma det här?

Jag har just flyttat hemifrån och mamma har lovat att vi ska åka till IKEA för att köpa en säng. När jag kommer hem ligger hon och sover. Jag knackar försiktigt på sovrumsdörren. Hon säger att hon är dålig, men att vi ska åka om ett tag. Hon ska bara vila en liten stund till. Jag kan väl ta en kopp kaffe i köket så länge?

Mamma kommer ut efter en timme. Jag ser på en gång att det inte är bra. "Då åker vi", säger hon och går långsamt mot hallen, letar efter bilnycklarna i olika jackfickor, sömngångaraktigt. Hon tar på sig skor och slänger en ytterrock över morgonrocken. "Ska du inte ta på dig kläder?" frågar jag. Hon svarar inte, jag tror inte hon hör mig. Bilresan är en fastspänd, tillbakalutad mardröm. På Nynäsvägen skenar bilen mellan filerna. Bilar tutar, helljus i backspegeln. Någon som kör om lutar sig över ratten och tittar förfärat på oss. Mamma märker ingenting, hon bara kör. Det är dödstyst i bilen, jag säger inte ett ord, invänder inte en enda gång, utom när mamma faktiskt håller på att köra rakt in i sidan på en annan bil. Då skriker jag högt "mamma!" och hon mumlar "ja, ja" och manövrerar åt andra hållet.

Vi kommer fram till IKEA, jag kan inte begripa att vi faktiskt klarat det. Vi vandrar genom varuhuset, mamma går som om hon vore på ett tåg, hon måste hålla i sig i saker på väg fram. Jag hittar en kundvagn som jag ger till henne, så att hon kan stödja sig på något, så att inte människor ska se hur full hon är. När vi betalat frågar jag om vi ska ta en korv och en läsk, för jag vill inte in i bilen än, jag vill att hon nyktrar till. Men mamma vill inte. "Jag skulle gärna komma hem så fort som möjligt", säger hon.

Vi sätter oss i bilen igen. Jag vill säga ifrån, men jag kan inte. Jag har inte förmågan. Tillbakaresan går kvickare, mamma kör fort längs Nynäsvägen.

"Det är 70 här", säger jag.

"Oj", säger mamma och saktar ner.

Jag kan säga åt henne när hon kör 90 på en 70-väg, men jag kan inte säga att hon kör berusad. Hon har varit full varje dag i tio års tid, men jag har inte nämnt det med ett ord en enda gång. Inte heller idag, trots att det kan kosta både henne och mig livet. Jag sitter där och tiger. När vi parkerar på Storforsplan stöter hon i bilens front i plåtskylten på parkeringsplatsen. Våra nackar landar i nackstödet, men jag är inte säker på om hon ens märker det.

Hon dödade nästan oss båda. Minns hon den där bilturen? Det är viktigt att jag får veta hur det ligger till, för hur ska jag kunna försonas med henne om hon inte är medveten om att det finns något att försonas om? Om hon inte minns, hur ska hon då kunna säga förlåt?

Och även om hon skulle minnas allt som hände, så känner jag allt oftare en genuin oro: Hur ska jag någonsin kunna förlåta det här som händer om nätterna, de här meddelandena på telefonen som jag vaknar till varje morgon? Även om hon en dag blir nykter, hur ska jag kunna titta henne i ögonen efter att hon skrivit de här sakerna till mig?

Jag förstår inte hur det ska gå till. Hur fortsätter jag att vara hennes son och hon min mamma efter det här?

Jag ligger på en handduk på stenstranden i Smöjen på Gotland. Det är sommarens vackraste dag. Havet ligger blankt. Jag ligger och blundar i solen. Jag hör Amanda prata med sin syster på filten bredvid, nära men ändå avlägset. Jag hör barnen leka med varandra borta vid vattenbrynet. De bygger ett slott av stenar. Någon öppnar en termos och häller upp kaffe i en plastmugg. Ett barn kommer fram och frågar om hon får en kaka till. Och jag ligger där, vaken men på tröskeln till sömn. Det plingar till i telefonen. Märkligt hur det fortfarande idag hugger till en snabb sekund i hjärtat när det kommer ett meddelande, trots att det var länge sedan hon hörde av sig nu. Vi har inte hörts under hela våren. Jag får uppdateringar av mina bröder om mamma, om vad hon gör och vad hon säger om mig, och hur mycket eller lite hon dricker, men någon direkt kontakt har vi inte. En del av mig känner lättnad, för jag slipper den här ständiga oron som gjort den här vintern och våren så mörk. På något sätt är jag fri. Men jag känner också en tomhet. För jag har ingen mamma kvar. Är det så här det kommer att kännas när hon är död?

Jag plockar fram telefonen, meddelandet kommer från Niklas. "Nu skiter jag i mamma. Jag sticker. Nu får ni ta hand om henne."

Han skickar ett till efter en stund: "Jag tror att hon kommer att supa ihjäl sig där uppe." Och så ytterligare ett: "Det får hon gärna göra för mig."

Jag läser meddelandena flera gånger. Det händer igen. Hjärtat börjar slå, det känns som att jag tappar balansen, fastän jag ligger ner.

Jag reser mig och går bort till bilen, sätter mig i förarsätet och ringer Niklas. Sedan ringer jag Calle och därefter Niklas igen.

Sedan är bilden klar.

Niklas var med sin familj på torpet. Mamma kom dit. Väskan packad full med vin. Hon stängde in sig på sovrummet och drack. Hon gjorde bara enstaka nedslag på nedervåningen per dag, för toalettbesök, men under de korta tillfällena var hon elak och aggressiv. Hon skrämde barnen. Hon sa oförlåtliga saker. Efter tre dagar fick Niklas nog och packade ihop sin familj och lämnade.

Två timmar senare landar jag på Bromma flygplats. Jag möter upp Calle vid Hertz biluthyrning och sedan åker vi mot Värmland. För första gången är jag och Calle helt överens. Det är nu eller aldrig. Vi har nått vägs ände. Om vi inte stoppar det här nu, så kommer vi aldrig att göra det.

Efter fyra timmars resande kommer vi till kärnan av min barndom. Vi passerar Filipstad. Där bodde mormor och morfar och där stannade vi alltid till på en snabb kaffe innan vi åkte vidare mot torpet. Så märklig stämning i köket alltid. Pappa tittade på klockan och trummade med tummarna på bordsskivan. Mamma hjälpte mormor att lägga fram fikabrödet så att det skulle gå fortare. Morfar, alltid så märkligt sval och ointresserad av mamma. Hon berättade om en ny tjänst hon fått i näringslivet och han lyssnade förstrött och lämnade rummet. När någon av oss barn blev ledsen för något och började gråta så kom han stormande tillbaka och vände sig jämrande mot mamma: "Kan du inte få de där barnen att sluta böla?"

Vi kommer till Hagfors, den närmaste staden från torpet sett. Det var här vi handlade mat och tankade bilen. Vi åker mycket långsamt längs huvudgatan, glider fram som i kärlekstunneln på Gröna Lund, tittar och pekar på detaljer längs gatan och byter minnen med varandra. Där är bensinmacken där Niklas sommarjobbade på 80-talet. Varje kväll kom han hem med en påse full av det lösgodis som ramlat ner på golvet under dagen. Där är pizzeria

Coliseum. Samma vita plaststolar och bord på uteserveringen som förr. Där borta är simhallen där Calle tog simborgarmärket och baddaren. Han bar märkena på bröstet på morgonrocken hela den sommaren, som en officer med sina ordnar.

Vi börjar närma oss. Från den asfalterade vägen mot Geijersholm, av på en lite mindre landsväg mot Gustavsfors.

"Det här blir kul", säger Calle med den lakoniska ironi som alltid kännetecknat våra samtal. En sorts undermeningsteknik av allra banalaste slag där vi säger något och menar det rakt motsatta.

"Ja, det ska bli mysigt", svarar jag.

Vi åker ner för stigen, ner mot vattnet, jag ser det rödmålade trätorpet resa sig mellan träden.

Jag vet att mamma gjort mig till fienden under våren och vi är överens om att vi har störst chanser att få hem mamma om det är Calle som pratar med henne. Jag ska hålla mig i bakgrunden. Jag är beredd på hennes kyla, jag har stålsatt mig för den under hela resan och trodde att jag var rustad. Men jag hade inte räknat med det här. Jag kunde inte tänka mig att mamma skulle behandla mig så igen. Återigen sitter hon alldeles bredvid mig och låtsas som att jag inte finns. Det gör så ont i magen och bröstet, för jag är åtta år igen och mamma ser mig inte. Hon tittar inte ens på mig. Det får inte fortsätta så här. Jag kan inte tillåta det.

"Mamma, du kan inte vara kvar här", säger jag. "Det går inte. Nu går vi upp och packar din väska och så åker vi."

Mamma tittar upp. För första gången möts våra blickar.

"Dig pratar jag inte med", säger hon.

Hon tittar åter ner, fimpar sin cigarett omsorgsfullt. Och då är det som att luften går ur mig. Jag vet inte hur vi ska klara av det här. Jag tar några steg bort mot den lilla muren som skiljer uteplatsen från trädgårdslandet. Jag sätter mig på stenkanten med ryggen mot Calle och mamma och tittar ut över vattnet. Där borta slokar de två äppelträden som vi gav mamma när hon fyllde fyrtio. De fick aldrig riktigt fäste i jorden. Bakom dem ligger sjön. Laxodlingen där ute rasslar till när fiskarna får sitt foder. Motorn från en moped på andra sidan sjön ekar över vattnet. En övervintrad fotboll blänker matt under svartvinbärsbusken. En radio står på inne i köket, nu är det sjörapporten. Det är så vindstilla, jag har aldrig sett sjön så här förut.

"Jag åker i alla fall inte i samma bil som han", säger mamma bakom mig.

Ett hopp tänds. Jag sitter kvar, jag rör mig inte ur fläcken, för jag vill inte förstöra möjligheten.

"Det behöver du inte", säger Calle snabbt. "Jag kör dig i din bil och så åker Alex efter i sin bil."

Tyst igen.

Jag vågar inte vända mig om. Jag bara lyssnar på rörelserna runt bordet.

"Okej", säger mamma efter en stund. "Då åker vi."

Hon reser sig upp.

"Jag ska bara hämta min väska."

Calle följer med mamma upp för trapporna. Jag sitter kvar. Tittar ut över den mörka skogen bakom huset. Det svarta vattnet. Calle och mamma dröjer där uppe. De packar väl väskan och släcker lampor. Jag reser mig och sätter mig i bilen för att vänta. De kommer ut efter en stund, ner för stentrappan. Calle bär på mammas resväska. De passerar båda min bil. Mamma går långsamt över gräset. Hon är barfota, med skorna i handen. Hon ger mig inte en blick.

Sedan åker vi.

Jag kör upp för den smala stigen från torpet, upp på grus-
vägen. Jag har det stora svarta vattenröret till höger om
mig, solen till vänster. Framför mig åker Calle och mam-
ma. Det dammar i den låga solen, jag håller avståndet.
Vi åker över den lilla bron, vi åker förbi den övergivna
husvagnen som står tio meter in i skogen. Det mörknar
snabbt. Det blir skumt, landsvägarna ser plötsligt ogäst-
vänliga ut där ute. Calle och mamma framför, jag bakom.
Vi passerar Filipstad, Gumhöjden, Karlskoga, men vi har
ändå två och en halv timmar kvar. Jag ringer till Calle.

"Hur är det?" frågar jag.

"Jodå", svarar Calle.

"Är hon vaken?"

"Ja."

"Är hon fortfarande full?"

"Ja."

Jag ställer bara frågor som han kan svara antingen ja el-
ler nej på, så att mamma inte ska lista ut vad vi pratar om.

"Pratar ni nåt med varandra?"

"Jodå."

"Har du pratat med henne om behandlingshemmet igen?"

"Nej."

"Varför inte det?"

"Ja …"

"Ska hon sova hemma hos dig ikväll?"

"Nej."

"Du har frågat henne om det?"

"Ja."

"Och hon vill inte?"

"Nej."

"Hon vill sova hemma?"

"Ja."

"Tror du att det är en bra idé?"

"Jag vet inte."

Risken med att hon sover hemma är att hon dricker ännu mer. Och att hon försvinner från oss igen, reser bort utan att höra av sig. Och jag tror att detta är sista chansen. Om mamma någonsin ska sluta dricka så måste det ske nu.

This is it.

"Får jag prata med henne?" frågar jag.

Calle vänder undan luren och säger till mamma att jag

vill prata med henne. Det blir tyst. Calle mumlar något. Mamma mumlar något tillbaka. Jag kan inte avgöra vad de säger. Sedan kommer han tillbaka till luren.

"Hon vill inte prata med dig."

Det gula skenet över E4:an började i Södertälje och har sedan följt oss hela vägen in mot Stockholm. Fem filer, inte en enda bil på vägbanan utom vår karavan. Calle kör mycket fort, ibland 150 kilometer i timmen, det känns som att vi är en ambulanstransport i natten, ett hjärta i en kylbox på väg in till Stockholm för omedelbar transplantation. Vi åker genom Stockholms innerstad. Klockan är ett på natten, vi har kört i över fyra timmar i sträck. Calle och mamma parkerar sin bil utanför mammas port på S:t Eriksgatan 5. Jag bestämmer mig för att sitta kvar. De går ur bilen. Calle hjälper mamma med en väska. De står vid bakluckan och pratar ljudlöst med varandra. Hon plockar fram en cigarett som hon tänder och sedan fimpar snabbt. De kramas och mamma försvinner upp i trappuppgången.

Jag åker hem i natten, tar Fleminggatan och sedan Barnhusbron och kör utmed Tegnérlunden. Jag öppnar sidorutan. Det är årets varmaste sommarnatt. Ett regn har kommit och passerat, asfalten är våt och glittrar i gatubelysningen. Det ligger en doft av jord från innerstadsrabatterna i luften. Basgångarna från nattklubbarna kommer och försvinner på Sveavägen. Där står en ung tjej och kräks mot en vägg, hennes kompis håller undan håret på henne – det ser så ömsint ut när jag passerar. En ute-servering har just stängt och gästerna står rådvilla utanför och vet inte riktigt vad de ska ta sig till nu. Jag passerar Stureplan. Tvåhundra människor som står på tå runt re-pen på nattklubben Sturecompagniet. Här inne var jag så många gånger med mamma i mitten av 00-talet. Jag minns när jag tog henne hit första gången. Det var 2006, jag var runt trettio och hade just börjat blogga och jag ville väl visa henne att jag var någon nu. Att det blivit nå-got av mig ändå. Vi gick fram mot repen. En vakt kände genast igen mig och tog några bestämda kliv rakt igenom folksamlingen.

"Hur många är ni?"

"Det är bara jag och min mamma."

Han ledde in oss före alla andra. Jag behövde inte ens betala entrén. Mamma sa ingenting, men jag tittade på henne snett bakifrån när vi gick upp för trapporna. Hon var nöjd. Vi gick till en av barerna. Mamma ville ha ett glas vin. Det fick hon. Jag beställde in två shots också.

Jag stod i en bar på Sturecompagniet och svepte två shots med min alkoholiserade mamma.

Hur många gånger var vi här? Tio? Femton? Alltid samma sak. Jag och Calle ledde henne i armkrok så att ingen skulle se hur berusad hon var. Och så drack vi tillsammans. När vi skildes åt sedan på gatan, jag och Calle stoppade henne i en taxi. Jag minns hennes förvirrade blick. Den var så olycklig. Det var som om hon bad om hjälp. Hur kunde vi göra så där mot henne? Kanske för att det enda sättet att kunna umgås med henne utan att må dåligt var att själv vara berusad.

Jag åker upp mot Östermalmstorg och parkerar på Nybrogatan utanför min lägenhet. Jag sitter kvar i bilen. Jag tar fram telefonen och skickar ett meddelande till mamma.

"Det här behandlingshemmet jag har pratat om. De har sitt Stockholmskontor bara ett par hundra meter från dig. De kan ta emot oss när som helst imorgon. Vi kan väl gå dit och bara lyssna på vad de har att säga?"

Jag går upp mot lägenheten. Det har börjat regna igen. Mamma svarar när jag står i hissen.

"Vi pratar imorgon."

Jag har kvar rattens motorvägsvibrationer i händerna. Jag ligger i sängen. Klockan är tre på morgonen, kvällsrodnad glider över till morgonrodnad där ute ovanför Stockholmssiluetten. Jag borde gå bort till fönstret och dra för gardinen, men jag orkar inte. Jag kan inte somna. Jag har försökt i två timmar, men det går inte. Om Amanda hade varit hemma så hade jag väckt henne och vi hade druckit te vid fotänden av sängen, men hon är kvar med barnen på Gotland.

Det här är fel dag att vara ensam på. Det är så stora saker på spel, och jag vet fortfarande inte om vår resa för att hämta mamma gick bra eller dåligt. Vi fick hem henne, men vad händer nu? Hur ska jag kunna nå henne när hon inte vill prata med mig? Hon vill inte ens titta på mig. Det är så omskakande varje gång det händer, när jag ser henne vända bort blicken. När hon låtsas som att jag inte existerar, trots att jag sitter alldeles bredvid henne. Det är som att få en stöt genom kroppen.

Jag förstår mekanismerna, jag är den som ställt hårdast

krav på henne att ge upp alkoholen och därför är jag hennes största fiende. Jag förstår allt detta, men jag klarar inte av hennes sätt att ignorera mig. Hon är min mamma och när hon gör så där så förintar hon hela min existens. Det suger livet ur mig, jag blir så svag att benen inte bär mig.

Det är så många gånger mamma gjort så här. Om och om igen när jag hamnat i onåd så har jag upphört att finnas till där hemma. Mitt första minne av att sluta existera på det sättet kommer från när jag var sju år. Jag hittade porrtidningar gömda under löven bakom en container. Tidningarna underst och överst i högen var svårt fuktskadade och föll sönder i mitt grepp, men det fanns ett par exemplar i mitten som gick att rädda. Jag fastnade särskilt för ett uppslag i tidningen Cats. En bild på en tjej med trosor och behå och rubriken: "Vill du se hur hon ser ut naken? Slicka bort hennes underkläder!" Jag slickade på tidningssidan, över behån. Och mycket riktigt, saliven gjorde att färghinnan på bilden försvann och plötsligt stod hon där naken. Efter någon minut kom färgen tillbaka och jag måste slicka igen. Dagen efter kom jag tillbaka till gömstället och slickade. Jag bestämde mig för att ta med bilden hem. Jag rev ur den ur tidningen och bar den hem till radhuset, med bultande hjärta. Jag hade placerat den under byxlinningen, tryckt mot magen. Jag gömde den sedan på mitt rum, ovanför taklampan. Det var bombsäkert.

Några dagar senare när jag kom hem från skolan så såg jag tidningssidan ligga på bordet i köket. Det var oförklarligt. Mamma och pappa sa att de ville prata med mig. De satte mig vid köksbordet, med bilden framför mig.

"Vad är det här?" frågade mamma.

Jag satt tyst, tittade ner i bordet.

"Var har du fått den ifrån?"

Jag svarade inte.

"Du ska säga till mig var du fått den ifrån", sa mamma.

"Jag hittade den i skogen", svarade jag tyst.

"I skogen?"

Mamma ryckte åt sig bilden och pekade på kvinnan.

"Har du slickat på den här?"

"Nej", svarade jag.

"Svara mig nu ärligt, Alexander. Har du slickat på den?"

"Nej."

"För om du hittade den här i skogen, då är det ju nån annans tidning, eller hur? Och han som äger tidningen, han har ju säkert slickat på den. Och sen har du slickat på den. Förstår du hur äckligt det är, Alexander?"

"Men jag har inte slickat på den."

Mamma lade ifrån sig tidningssidan och reste sig upp.

"Jag har inte ord", sa hon vänd mot pappa som hittills suttit tyst. Hon lämnade köket.

"Nu går vi och kastar den, tycker jag", sa pappa.

Vi gick tillsammans till sopnedkastet. Pappa tittade på när uppslaget försvann i mörkret. Jag trodde att vi var färdiga, att saken var utagerad. Men så var det inte. Senare samma kväll hade mamma och pappa möte i köket. Jag stod i hallen och lyssnade. De pratade om vilket straff jag skulle få. Mamma yrkade på smisk. Pappa tystnade. Mamma argumenterade för sin sak. Och så ytterligare samtal, mummel i köket och så stolskrap och jag försvann in på mitt rum. Jag lade mig i sängen och låtsades läsa en bok. Mamma och pappa kom in.

"Vi har bestämt att du ska få smisk", sa mamma.

Hon var noga med att berätta för mig att jag inte skulle bestraffas för att jag hade själva porrbilden, utan för att jag ljög om att jag inte hade slickat på den.

"Man får aldrig ljuga", sa mamma.

Hon tog ett steg åt sidan. Pappa tog ett grepp om mig. Jag försökte komma loss, men det var omöjligt för han var så stark. Han knäppte upp min gylf och drog ner mina byxor och kalsonger. Jag protesterade, men jag skrek inte. Jag protesterade stilla, för jag ville inte göra honom ännu mer vred. Han lade ner mig med magen mot sina knän och så slog han hårt med sin handflata på min rumpa. Upprepade slag. Mina bröder försvann in på sina rum, de ville inte se det här. Men mamma stod bredvid och tittade på. Lojal mot situationen. Hon sa ingenting. Det sved. Och det kändes generande att ligga med rumpan bar. Mammas och pappas tystnad under själva smisket gjorde det obehagligt. Men det fanns något i bestraffningen som jag ändå uppskattade. Den var tydlig. Om jag gör si så bestraffas jag så. Den andra bestraffningen var värre, för den var så diffus. Jag gick in i köket senare på kvällen, för att ta en macka. Mamma satt vid köksbordet och läste en tidning. Hon tittade inte på mig. Jag sa "hej, mamma". Hon svarade inte.

Hon förintade min existens.

Det fungerade, jag blev svag i benen, jag var nära att gråta. Jag måste gå in på mitt rum och sätta mig ner en stund. Det var värre än smisk, det var tortyr.

Ett år senare.

Jag skulle bränna ner Träkvistaskolan. Det var söndag eftermiddag, mamma och pappa hade just lagt sig för att sova en stund. Jag förberedde mig noga, stoppade ner en toalettrulle och en tändare i en väska och gav mig av. Jag brukade dela allt med Calle, det fanns inte en hemlighet som han inte visste om. Men den här gången höll jag honom utanför. Det här var en ny typ av desperation för mig. Jag mådde inte bra och jag förstod att det enda som kunde göra situationen bättre för mig var att börja om. Därför skulle jag bränna ner skolan och sedan skulle vi flytta och jag skulle få en ny start.

Jag gick upp för stigen som löpte mellan radhusen på Lundhagsvägen, mot utsiktspunkten där man kan se ut över Mälaren. Jag korsade Jungfrusundsvägen och kom fram till skolans huvudentré. Jag passerade vårt klassrum som var nedsläckt, stolarna upp och ner-vända på bänkarna. Gick förbi matsalen. Jag vandrade längs med skolgården, förbi de kritstreckade markeringarna för mini-otta som vi spelade på rasterna. Dörren till huvudingången var låst. Jag försökte gå in via dörrarna på baksidan, men de var också låsta. Jag gick till skolbarackerna borta vid fotbollsplanen. Också de var låsta. Sista chansen var gymnastikhallen. Den var öppen! Det brände till i bröstet, hjärtat slog några extra slag.

Lukt av handduk i ryggsäck när jag passerade omklädningsrummet. Jag gick in på den första toaletten av två, låste dörren efter mig, satte ner toalettrullen på golvet och tände ena fliken. Jag såg att den tog eld. Och då sprang jag för mitt liv. Jag vände mig inte om, jag bara sprang och sprang, för den allra sista gången lämnade jag den här skolan som gjort mig så mycket ont. Jag vände mig inte om, för jag ville inte se skolgården en enda gång till, ville bara bli av med den och alla saker som hänt där. Jag sprang och sprang, ner mot Träkvista IP. Jag stannade inte förrän jag nådde kvarteret innan vårt radhus. Där saktade jag ner, hämtade andan så att mitt frustande inte skulle väcka uppmärksamhet när jag kom hem. Jag var rädd för att mina kläder luktade brand, så jag kastade dem i tvätt-korgen. Sedan försvann jag in på mitt rum. Det var en märklig känsla att veta att skolan inte längre fanns till. Jag trodde jag skulle känna lättnad och glädje på kvällen, men jag kände bara sorg. Vad hade jag gjort? Skolan var borta och det var mitt fel. Jag sov dåligt den natten.

Jag vaknade på måndagen och jag visste att jag mås-te spela teater för att inte avslöja mig. Så jag åt frukost som vanligt och gjorde mig redo för skolan, som om jag inte alls var medveten om att skolan var nedbrunnen. Jag spelade charaden för att mamma och pappa inte skulle misstänka mig för dådet. Jag försökte vara gladlynt och oberörd, som om detta var en dag vilken som helst. Jag gick till skolan. När jag rundade krönet vid Jungfrusunds-vägen såg jag att den stod kvar. Den var fullständigt in-takt.

Jag förstod ingenting.

Jag förstod absolut ingenting.

Samma eftermiddag. Mamma var på jobbet, pappa satt på sitt arbetsrum och skrev på sin skrivmaskin. Det ringde på telefonen och pappa svarade som han brukade, med ett kort: "Schulman." Och sedan kom ett "ja" och ett "jaha" och därefter var han tyst länge och sedan sa han något som gjorde mig oroad: "Vet ni med säkerhet att det var han?" Pappa lade på luren, reste sig och gick med långsamma steg mot mitt rum. På söndagarna hyrdes gymnastikhallen ut till ett innebandygäng och en av spelarna var en av mina klasskompisars föräldrar. Han hade sett mig fly över skolgården, och stunden senare upptäckt den redan slocknade elden på toaletten. Det var aldrig någon fara med skolan, men han ville ändå ringa till pappa för att berätta. Kanske var det något som tyngde pojken? Kanske skulle han försöka igen?

Pappa satte sig på min sängkant. Han var inte arg. Han frågade om jag inte trivdes i skolan. Jag fick lova att aldrig försöka bränna ner skolan igen. Pappa sa att jag skulle stanna kvar på mitt rum. Jag undrade om han skulle berätta för mamma, men jag vågade inte fråga. Mamma kom hem sent, jag försökte lyssna på deras samtal genom dörren, men jag hörde ingenting.

Jag gick och lade mig, men kunde inte sova. Jag steg upp ur sängen och gick upp för trapporna till vardagsrummet. Där satt mamma med ett glas vin och tittade på teve.

"Hej", sa jag och satte mig i soffan bredvid henne.

Mamma svarade inte. Hon bara tittade in i teven. Jag tänkte först att hon kanske inte hörde mig, men det är klart att hon gjorde. Hon suckade stilla och tog en klunk av sitt vin. Det var så många tankar som for genom huvudet. Jag var i ett rum med min mamma, som vägrade bekräfta att jag satt bredvid henne. Det var som att jag inte fanns i rummet. Det var det närmaste man kan komma att inte existera.

Jag satt kvar en stund. Sedan reste jag mig tyst och gick tillbaka till mitt rum. Jag var så skakad, mina ben bar mig knappt i trappan.

Jag vänder och vrider på mig i sängen. Jag tittar på klockan, den är snart fem på morgonen. Jag spelar upp samtalet mellan mig och Calle och mamma från torpet, om och om igen. Jag tänker på blickarna och tystnaderna. Mamma som frågade Calle: "Vill du ha nånting? Det finns korv i kylen." Hennes sätt att utesluta mig. Hur svag jag blev av det, återigen. Jag tänker på när jag gick till bilen för att vänta på dem. Mina ben bar mig knappt.

Jag ligger där i sängen som 10-åring.

Jag ligger där i sängen som 38-åring.

Det är så mycket som hänt, men känslan är fullständigt identisk.

Det händer, händer på riktigt.

Mamma har inte gått med på att lägga in sig, men hon har gått med på att lyssna på vad den här mannen har att säga.

Det är jag och Calle och mamma. Tidig morgon mitt i sommaren. Det är bara några timmar sedan vi lämnade mamma utanför sitt hem efter resan från torpet. Jag somnade till slut, vid sextiden, och klockan sju vaknade jag av ett meddelande från mamma: "Jag träffar honom gärna." Jag frågade om hon ville gå ensam eller om hon ville att vi skulle komma med och hon svarade: "Jag vill gärna att ni är med. Tack."

Det är omöjligt att förstå vad som kan ha hänt med mamma på den här korta tiden. Igår kväll ville hon inte prata med mig och hon vägrade ens överväga att lägga in sig på behandling. Och nu sitter vi i ett kök på behandlingshemmets Stockholmskontor. Meddelandet från henne överraskade mig, jag var tvungen att läsa det flera gånger för att försäkra mig om att jag läst rätt.

Chefen för hemmet är lång och lite framåtböjd när han står eller går, han bär glasögon med tjocka skalmar, och över dem ögonbryn som sitter lite högre upp i ansiktet än hos andra, som om han vandrade en smula förvånad genom livet. Ett vänligt och kanske komiskt utseende. Han har hämtat kaffe till oss och delar nu ut kopparna runt bordet. Han sätter sig ner bredvid oss och lägger en mapp framför sig som han inte öppnar.

"Jaha, jag skulle vilja börja med att fråga dig, Lisette. Varför är du här idag?"

"Jaa …", säger mamma och skrattar till lite. Hon tittar ner, rättar till något på klädesplagget. "Jag är här därför att jag har alkoholproblem."

Det är overkligt att höra henne säga det.

"Och jag har förstått att jag inte klarar av att bli av med det här på egen hand."

Det blir tyst igen och jag noterar att behandlingschefen är den typen av människa som väntar ut tystnader, han förlänger dem för att se vad som händer, för att se om det kommer något mer.

"Jag tror alltså att jag behöver hjälp. Det är därför jag är här", fortsätter mamma.

Behandlingschefen ler vänligt mot henne. Han har aldrig träffat oss förut, hur ska han förstå hur stort det här är för oss. Det är första gången som mamma erkänner att hon har problem med alkohol. Det är förenat med en känsla av overklighet, som om jag redan här och nu kan se scenen utifrån, som om jag kan prata om den som om den ägde rum för länge sedan.

"Hur länge skulle du säga att du haft de här alkoholproblemen?"

"Länge."

"Hur länge? Om du uppskattar?"

"Jag skulle säga … Jag skulle säga att det rör sig om trettio år, ungefär."

Behandlingschefen gör en anteckning i ett block. Mamma dricker sitt kaffe och jag och Calle tittar ner i bordet.

"Håller ni med om det er mamma säger, att hon haft de här problemen i trettio år?"

Jag tycker inte om frågan, för den insinuerar att mamma eventuellt ljuger, att han inte tar det hon säger på allvar, att han nu vänder sig till oss för att få reda på hur det verkligen ligger till.

"Ja, det verkar rimligt", säger Calle.

"Ja", säger jag.

Behandlingschefen berättar för oss hur behandlingen går till. Behandlingstiden är sex veckors intensivbehandling och ett års efterbehandling. Han delar ut en broschyr till oss var och högläser noga de olika stegen mot tillfrisknande. Under hela tiden som mannen pratar tittar jag på mamma. Hon lyssnar uppmärksamt. När mannen nämner någon viktig detalj tar hon på sig glasögonen och lutar sig fram över bordet. Hon nickar och hummar. Hon ser så vänlig och välvillig ut. Det är som om all vrede runnit ur henne.

"Det ska jag ärligt säga. Det här kommer att bli jättetufft för dig. Det är otroligt svårt att bli av med ett beroende som man burit på så länge."

"Och när börjar behandlingen?" frågar mamma.

"Den börjar när du vill. Men vis av erfarenheter så tycker jag att man ska smida medan järnet är varmt."

"Du menar att göra det så fort som möjligt?"

"Jag menar att göra det nu. Att du åker imorgon bitti."

Mamma vrider på sig. Hon tittar på klockan.

"Det blir svårt. Jag måste ju tvätta …", säger hon, nästan för sig själv.

Hon vänder sig mot behandlingschefen.

"Jag kom just hem från Värmland och jag har inga rena kläder."

"Vi kan tvätta kläderna", säger jag.

"Vi skickar ner dem till dig", säger Calle.

"Jaha", säger mamma. Hon tittar ut genom fönstret. "Då åker jag väl då."

Det är inte svårare än så, det tar inte längre tid. Behandlingschefen säger att pappren tar vi sedan. Vi reser oss och när vi går den långa korridoren mot utgången har jag mamma alldeles framför mig, ser hennes kalufs och tunna gestalt och jag känner att vi står på tröskeln till ett nytt liv, eller: att vi står på tröskeln till ett gammalt liv, för jag ska få tillbaka min mamma. Det har varit trettio mörka år. Och kanske några år till. Men bakom alla de där åren finns en sommaräng, där finns min riktiga mamma och väntar på mig. Vi är på väg tillbaka dit nu.

Vi kommer ut på Västmannagatan i solgasset. Mamma ska hem och packa och vi tar farväl av varandra där och jag är så glad, och jag vill säga till mamma att jag är stolt över henne och att jag älskar henne. Men det gör jag inte.

"Det här var bra", säger jag.

"Ja. Det var bra."

Vi kramas kantigt och skiljs åt.

"Vi behöver din hjälp!"

Uppmaningen, skriven med ett snirkligt typsnitt med herrgårds-spa-känsla, finns längst upp i ett brev från mammas behandlingshem som kommer på posten. Terapeuterna berättar att de nu haft mamma som patient i tre veckor och nästa steg är att börja med djupare samtal med henne och de behöver ett underlag från oss barn, något att utgå från. De skickar med en enkät för mig att fylla i. Det är väldigt angeläget, står det, att jag kan dela med mig så mycket jag kan och så ärligt jag kan. "Det är en viktig del av din mammas tillfrisknande att hon får höra dina upplevelser av hennes drickande." Jag sätter mig vid köksbordet och fyller i uppgifterna. Jag bokstaverar mina namn på streckade rader med blyertspenna, min klumpiga handstil, det känns som att gå i skolan igen. Frågeformuläret är fem sidor, men jag fastnar redan på den första. Fråga nummer fem: "Nämn ett tillfälle i ditt liv då din anhöriges drickande haft särskilt negativ inverkan på dig." Tanken är att jag ska skriva ner ett minne. Jag har två rader på mig för detta minne. Det är något nästan oförskämt med det. Jag ska sammanfatta mammas negativa inverkan i mitt liv på två rader.

Jag lägger ifrån mig pennan. Tittar ut över Nybrogatan. Bilder av mammas ansiktsuttryck genom åren flimrar förbi, skrik och gråt och vredesutbrott, hemma i lägenheterna, i köken, plötsliga utfall på restauranger och i affärer, på semestrar i Sverige och på kontinenten, som ett bildspel av mammas oberäknelighet. Men när jag låter tankarna hamna i barndomen så återkommer jag hela tiden till mammas säng. Det är som att det onda utgår därifrån, från det skumma ljuset i mammas sovrum. Jag ser henne snabbt genom den halvöppna dörren när jag vandrar förbi i hallen. Pappa som säger att mamma är "dålig", att vi ska vara "lite tysta idag". Hon ligger i mörkret och röker cigaretter eller så försöker hon somna om. Vrider och vänder på sig. Det är dag här ute, men där inne i sovrummet är det alltid mörkt. Det är en mamma som är inkapabel, hon har slutat fungera, hon ligger bara där tyst i sängen.

Någonstans inne i stan har hon ett arbete som hon inte går till. Hur ska det gå med mammas arbete om hon inte går till det? Och under dagen kommer utfallen, svåra att förutsäga, trots att jag ägnat många år åt att lära mig. Det är framför allt oväsen från mig eller mina bröder som gör att det exploderar. Jag lär mig att utrota mina ljud. Jag lär mig vilka plankor i parketten som knarrar när jag går förbi hennes sovrum. Jag tittar på teven utan ljud, inte bara för att det minimerar risken att mamma ska höra något; det gör också att jag kan höra henne. Jag utvecklar min hörsel. Jag hör allt från teverummet. Pappas knatter på skrivmaskinen från sitt arbetsrum. Diskmaskinens mumlande i köket. Jag hör lakanen prassla när mamma vänder på sig i sängen. Det är läskigt när det är tyst. Men det är skönt också, för då känner jag att jag har kontroll över situationen.

Men det händer alltid något till slut, som gör att mamma katapulteras ut från sovrummet, skriker och sedan återgår. Jag hatar när mamma ligger där. Jag hatar sängliggande som sådant. Jag kan inte hantera när Amanda är sjuk och sängliggande. Jag kan knappt sätta mig bredvid henne vid sängkanten. Jag vill inte ens se på henne. Jag vill bara få upp henne ur sängen, för det är förenat med fara för mig att hon är sjuk.

Jag måste försöka lösa uppgiften.

Skriva ner någon händelse då mammas drickande har haft särskild negativ inverkan på mig.

Det är mors dag 1990. Jag är fjorton år gammal.

"Kan ni inte göra en teckning till mamma?"

Pappa står i köket i pyjamas och morgonrock. Han tittar uppfordrande på oss.

"En teckning?" frågar jag.

"Ja, mamma skulle bli så glad."

Jag har inte gjort en teckning sedan jag var barn. Ingen av oss svarar, vi tänker att idén kanske bara försvinner om vi möter den med tystnad. Det börjar vissla om pappas tekastrull och han går iväg för att få tyst på den. Det är mors dag idag. Klockan är över tio och dörren till mammas rum är stängd. Men väggarna är tunna, jag kan höra hennes rörelser där inne. Hon vrider och vänder på sig. Jag kan höra hur hon tänder en cigarett. Precis bredvid mammas rum ligger köket. Pappa har gjort en tårta. Han donar med den i köket. Det är en gräddtårta. Han har skrivit "MOR" med geléhallon, det är mammas favorit. Pappa öppnar och stänger kylen, tar fram tallrikar och skedar, ljuden av porslin i köket får mamma att reagera, för hon förstår vad som håller på att hända: "Jag vill inte bli firad, säger jag ju! Lämna mig ifred!"

Pappa tittar upp mot dörren, står tyst en stund och sedan fortsätter han med tårtan.

"Hon vill ju inte bli firad", säger jag.

"Jodå, det vill hon. Hon är bara lite trött."

Pappa häller upp kaffe i en kopp och tar fram en liten bricka.

"Vi måste vara lite extra snälla mot mamma idag när hon är trött."

Vi är tre bröder som står på rad och stumt tittar på när pappa gör i ordning brickan. Jag vet att det här är en dålig idé. Det känns i hela kroppen, att det här kommer aldrig gå bra. Men vi gör som vi blir tillsagda, för det är klart att man ska fira mamma på mors dag, även om hon inte vill.

"Har ni papper? Ville ni rita nåt till mamma?" säger pappa.

"Nej", säger jag. "Hon kommer bli glad för tårtan, det räcker väl."

Pappa blir ljudlöst irriterad. Han tittar ner i golvet och tänker efter i en sekund.

"Okej. Ta brickan och gå in", viskar pappa.

Jag håller i brickan. Calle och Niklas går bredvid. Vi går mot den stängda dörren. Calle knackar försiktigt på.

"Dra!" skriker mamma inifrån.

"Men mamma", säger Calle. "Vi vill fira dig på mors dag."

"Jag vill inte bli firad! Varför begriper ni inte det?"

"Men mamma ..."

"Jag! Vill! Inte!"

Vi går tillbaka mot köket, men pappa motar oss med stora ögon. Han vänder på oss och styr oss återigen mot den stängda dörren. Han viskar till oss att vi ska vara extra gulliga. Han säger till oss att vi ska säga till henne att vi älskar henne.

"Men pappa, hon vill ju inte."

"Säg att ni älskar henne, så blir hon glad", väser pappa.

Vi vänder tillbaka mot dörren. Vi står utanför en stund. Lyssnar på ljuden.

"Mamma, vi älskar dig", säger jag.

"Ja, det gör vi", mumlar Niklas.

"Ja, mamma", säger Calle.

Det är helt tyst där inne nu. Så märkligt tyst. Vi knackar igen på dörren, men det hörs inte ett ljud.

"Ni kan gå in, bara", viskar pappa. Jag vänder mig och ser hur han står på avstånd, i köket. Han håller i dörrkarmen. Calle trycker försiktigt ner handtaget. Dörren är låst, mamma har låst den inifrån. Vi vänder tillbaka. Vi tror att det är över nu, men det är inte över. Pappa rotar i en bestickslåda, han viskar "äsch" för sig själv. Han tar fram en kniv och låser sedan upp dörren genom att vrida tillbaka låsmekanismen. Han försvinner iväg och vi närmar oss åter dörren.

"Mor, lilla mor", viskar pappa.

"Vadå?" viskar jag.

"Sjung 'Mor lilla mor' för henne när ni går in."

"Vad är det?"

"Sången!"

"Vi kan inte den."

"Jo, den kan ni väl! Mor lilla mor, vem är väl som du? Sjung när ni går in!"

Det låter underligt när vi tre bröder sjunger en sång ingen av oss kan. Det finns ingen melodi, bara den text vi just lärt oss.

Mor, lilla mor, vem är väl som du.

Mor, lilla mor, vem är väl som du.

Mor, lilla mor, vem är väl som du.

Vi sjunger det om och om igen medan Calle öppnar dörren och där inne är det mörker, skumt när ljuset silas genom persiennerna mot de bruna trådtapeterna, lukt av cigaretter.

Mor, lilla mor, vem är väl som du.

Jag håller brickan i handen, Niklas håller i tårtan och vi sjunger. Mammas reaktion är ögonblicklig, hon sitter upprätt i sängen och hon skriker:

"Dra åt helvete!"

"Men, mamma", säger jag.

Hon skriker nu i falsett, för full kraft.

"Dra åt helvete!"

Jag ser att hon letar efter något att kasta på oss, söker med händerna bland lakanen, hon är rasande, det är inte säkert för oss här inne, så jag vänder snabbt och springer ut och mina bröder följer efter, jag ser pappas olyckliga blick när vi passerar honom i köket, ut i hallen. Han skyndar tillbaka mot mammas rum och stänger snabbt dörren om henne igen.

Vi går in på mitt rum, alla tre bröder, vi sitter på sängen. Vi hör hur pappa efter en stund går in i mammas rum igen. De pratar tyst med varandra, ibland hörs mammas gälla röst: "Men jag vill ju inte!" Och så mummel, mummel igen och så steg i korridoren och pappas upphetsade blick i dörren.

"Kom! Nu äter vi tårta!"

Pappa leder oss ut i köket. Där sitter mamma vid köksbordet i morgonrock. Hon möter inte våra blickar. Pappa skär upp tårtan och delar snabbt ut bitarna. Mamma äter med viss aptit. Vi bröder säger ingenting och det gör inte mamma heller.

"Det ska bli varmt nu. Högsommarvärme imorgon", säger pappa.

Mamma svarar inte. Hon äter snabbt, tårtan försvinner från tallriken.

"Så. Får jag gå nu?" säger mamma. Hon reser sig utan att vänta på svar och går in i sovrummet.

Vi sitter kvar i köket. Pappa tittar ner i bordsskivan. Han lutar sig fram mot oss.

"Mamma är lite dålig", viskar han. "Vi måste vara snälla mot henne nu."

Telefonen ringer. Märkligt riktnummer. 046.

"Hej, det är mamma."

"Hej!"

Det är första gången jag hör från henne sedan hon lade in sig på behandlingshemmet. Det är en dålig telefonledning, det brusar som om hon vore i ett land långt borta.

"Hur har du det?"

"Det är hemskt."

"Hemskt?"

"Ja."

"Men … Går det bra?"

"Går vad bra?"

"Ja, att inte dricka."

"Ja, det är klart att det går bra. Varför skulle det inte göra det?"

"Men det kanske är jobbigt och så."

"Ja, det är jobbigt, de är fasansfulla mot oss här. Vi har

blivit fråntagna alla rättigheter. Vi är boskap. Som de ska spotta på."

"Vad menar du?"

"Hela idén med det här tycks vara att de om och om igen ska berätta för oss hur värdelösa vi i själva verket är. Nu har jag hört det så många gånger, de vill att vi till slut ska hata oss själva. Och det funkar! Vi hatar oss själva, bra! Men det får räcka nu."

"Det låter ju konstigt. Vill du att jag kommer ner och hälsar på?"

"Nej. Tack för att du frågar. Däremot är det en sak som jag skulle vilja prata med dig om, och som du väl kan berätta vidare för dina bröder. Idag eller imorgon kommer ni att få en enkät där ni ska fylla i en massa saker om hur det varit att ha mig som mamma."

"Jag sitter med den framför mig!"

"Okej. Jag vill bara att ni ska veta att jag kommer att läsa allt ni skriver. Och jag är så svag här, jag vet inte hur mycket jag orkar."

"Vad menar du?"

"Jag skulle vilja be er att inte vara så hårda mot mig. Kanske inte skriva de allra mest hemska sakerna. Jag har nog med hemskhet här nere som det är."

"Okej."

"Du får såklart skriva vad du vill. Men jag ber dig att ha lite omtanke. Jag vet inte vad jag klarar av att höra."

"Okej."

"Kan du hälsa dina bröder det också?"

"Absolut."

Vi avslutar samtalet. Jag sitter kvar en stund med papperen. Sedan kastar jag dem i sopkorgen. Mamma är dålig. Vi måste vara snälla mot henne nu.

Det är kaos innanför mammas dörr. Reklamblad, morgontidningar och en massa räkningar väller ut när jag låser upp. Jag skyfflar tillbaka papper och kuvert över tröskeln med foten och stänger dörren bakom mig. Mamma är fortfarande kvar på behandlingshemmet och jag har åkt hit för att ta hand om mammas räkningar och se efter lägenheten. Det kanske är någon blomma som behöver vattnas.

Det är speciellt att vara hemma hos en person som själv inte är hemma. På något plan känns det som att man gör något som man inte får. Jag tar några steg in i lägenheten, för att känna efter. Det är en ny erfarenhet att inte omedelbart känna att jag måste sticka. Att inte genast tänka på hur jag ska bära mig åt för att snabbt komma härifrån.

Så många middagar här, när mamma ändå försökte upprätthålla ett familjeliv efter pappas död. Tre barn med något plågat i blicken, som tittade på klockan och försvann direkt efter kaffet. Det var inte det att mamma var full som gjorde att jag inte ville vara kvar, för det var hon inte alltid. Det var bara skadat. En relation som föll ihop för trettio år sedan, och därefter gjordes inga försök att rädda den. Och mamma, alltid besviken över att besöken var så få och korta. Hon var ofta irriterad på att jag gick – redan innan jag kom. Jag: Jag är hos dig om tio minuter, vad har du för kod? Mamma: Jag har bott här i fem år och du vet fortfarande inte vad jag har för kod.

Mamma uppfattade det som att jag alltid hade viktigare saker för mig, men så var det inte. Jag klarade inte av det, bara. Kunde inte vara där inne så länge. Jag försökte verkligen, och det fanns stunder då det fungerade, när tiden försvann, oftast när vi pratade om någon bok som någon av oss hade läst. Då kunde jag uppslukas av hennes intellekt, av hur fri i tanken hon kunde vara. Hon höjde sig över bokstäverna och kunde stiga så högt. Och där uppe gnistrade hon i sin överlägsenhet. I det där skilde hon sig också från pappa. Pappa kunde högläsa en dikt av Edith Södergran och omedelbart falla i gråt. Mamma grät aldrig, men hon kunde genast förklara varför pappa grät. Pappa var i dikten, mamma kunde lyfta från den och titta ner på den. Det fanns så mycket som var tungt över mamma, men när det handlade om konsten och ordet svävade hon lätt, lätt över oss andra. Alltid smartaste personen i rummet. Alltid roligaste personen i rummet. Alltid med det här lustfyllda förhållandet till språket.

En av mammas favorithistorier från min barndom handlade om en runa om en avliden person hon läst i tidningen. Mamma noterade att ett skrivfel letat sig in i texten. Om en gravsten i marmor stod det: "En gravsten restes av mormor." Mamma tyckte det var roligt, förmodligen för att hon hade förmågan att visualisera, så hon såg en gammal tant framför sig som kånkade med en stor gravsten. Men det var först dagen efter, när tidningen kom med en rättelse på felet som mamma exploderade: "I gårdagens tidning letade det sig in ett fel. Det stod att en gravsten restes av mormor. Det var fel, det skulle naturligtvis stå: 'En gravsten restes av farmor.'"

Det kände alla som kom nära henne, att hon är smartast här inne. Jag minns att det alltid fanns ett första motstånd när hon lyfte på det sättet, en förarglig känsla när jag insåg att jag inte räckte till, att hon tagit sig till platser som jag inte nådde fram till. Men ofta kunde jag också släppa det och bara lyssna och bli, jag vet inte, imponerad.

Nej, trollbunden.

En gång var vi hemma hos morfar och han hade sparat en massa skrivböcker som tillhört mamma när hon var ung. I en av dem hittade jag en text hon skrivit om Sartre. Jag kunde väl inte avgöra kvaliteten, men det var fria tankar. Hon hade lyft från orden och tittade ner, nyfiket. En del resonemang var så avancerade att jag helt enkelt inte förstod dem. Jag tittade på skrivbokens omslag, där det stod "Lisette Stolpe 1963". Jag räknade baklänges. Mamma var tolv år gammal och skrev en uppsats om Sartre.

Och när hon berättade historier för oss var det omöjligt att slita sig, för hon hade det i blodet, från morfar, förmågan att nita fast alla som lyssnade. Hon började berätta och då var man där inne under ostkupan med henne. Hon behövde inte ens tänka efter när hon berättade. Hennes fraseringar, hennes konstpauser, hennes sätt att bygga en dramaturgi kring de enklaste händelser var rent instinktiv. Hon återvände nästan aldrig till sin egen barndom, och när det väl hände var hon alltid anekdotisk. Hon delade aldrig med sig av något mörker, hon ville underhålla.

Mamma älskade det blixtsnabba intellektet. Kanske var det också därför hon var så kluven till mig. Det var mitt intresse för böcker och formuleringar och kommunikation som gjorde att jag ofta kände att hon ville vara närmare mig än någon annan. Jag hade också en begåvning och den kände hon. I mig såg hon en själsfrände. Men problemet kom när jag skulle omsätta dessa tankar till ord. Jag stammade mycket svårt hela min barn- och ungdom. För mig blev därmed ingenting blixtsnabbt, allt tog dubbelt så lång tid. Kanske var det därför hon ibland kunde bli otålig på mig när jag stod och försökte få fram en vokal, hon kunde sucka och säga "nä, kom igen nu, Alex". För hon visste ju att jag var en hårsmån från att hamna i det där svävande tillståndet som hon själv befann sig i. Allt det där som mamma tyckte var så vackert – formuleringskonsten och retoriken och polemiken – det blev så fult och skadat när det kom ur min mun. Jag hade det, och samtidigt hade jag det inte alls.

Mamma ställde stora krav på oss barn när det gällde studier och bildning. Hon kände en oro för oss. När jag bestämde mig för att ta en fil kand i filmvetenskap, filosofi och litteraturvetenskap, så blev hon perplex. Hon gillade det humanistiska i det. Men hon kände en djup oro för att jag inte skulle få något jobb av den typen av utbildningar. Hon ville att vi barn skulle ha en gedigen grund att stå på. En jur kand eller en fil kand i företagsekonomi. "Och sen kan man tramsa runt hur mycket man vill", sa hon. Hon kunde ringa om nätterna och gråta och fråga hur vi hade tänkt oss att vi skulle få någon inkomst. Och när jag tog jobb som videobutiksbiträde frågade hon hur det nu skulle gå med mina studier. En dubbelhet som fick mig och Calle att ofta skämta och med förtvivlade röster jämrade vi oss för varandra: "Du måste plugga! Och tjäna pengar!"

De gångerna när hon berättade historier så var det som att inte bara tiden upplöstes, utan också vår skadade relation. Allt bara försvann. Men sedan bröts alltid förtrollningen till slut. Oro av att vara i samma rum som hon. Den här känslan att vara så långt ifrån varandra, insikten att något har brustit för länge sedan och det går inte att reparera.

Jag går in i vardagsrummet. Bruna soffor vid ett brunt bord. Bokhyllan som sträcker sig över en hel vägg, hundratals böcker, kanske tusen. Här finns alla böcker som morfar skrev, säkert över hundra stycken. Jag kanske ska ta några böcker och skicka ner till mamma? Hon kanske behöver något att läsa. Eller så missförstår jag helt vad det är hon genomlider där nere, det kanske inte alls är läge för att läsa. Hon är ju inte på semester. Men jag får inte veta någonting. De har konfiskerat mammas telefon och hon hör inte av sig på annat sätt. Däremot har jag ibland telefonkontakt med behandlingshemmets kontaktperson i Stockholm. Han är vänlig och generell, säger att han inte är insatt i det dagliga arbetet med mamma. Men han är noga med att förvarna mig för att risken är stor att mamma kommer att misslyckas. Han har många patienter som avbryter behandlingen och sticker. Och då får man börja om. Och han säger att det tyvärr är ganska få alkoholister som klarar av steget till att bli långvarigt nyktra. Särskilt när man druckit så länge och intensivt som mamma. Jag plockar på mig två böcker av Saul Bellow. Jag har inte läst någon av dem själv, men jag minns att mamma alltid brukar säga: "Jag älskar judarna när de skriver!"

I vardagsrummets tevedel finns en djup fåtölj med ett litet bord bredvid och på bordet en godisskål fylld med hallonbåtar och sockerbitar. Ständigt detta godis, överallt, genom åren. På lördagseftermiddagarna i vår tidiga barndom, efter den tidiga middagen, tog mamma och pappa sin "siesta" och tystnaden lade sig över lägenheten. Den långa väntan på att lördagskvällen skulle börja inleddes. Chipspåsen glimmade oåtkomligt i köket. Tre lördagsgodispåsar stod uppradade på diskbänken. Läsken på kylning. Vi tittade på teve och väntade på första livstecknet, som alltid var detsamma: ljudet från mammas sovrum. Hennes sömnhesa röst genom dörren.

"Jag!"

Paus.

"Vill!"

Paus.

"Ha!"

Och så en lång tystnad. Och så, det förlösande:

"Godis!"

Och vi tumlade ner för trapporna, de tre bröderna, tacklade upp dörren och kastade oss i hennes säng med våra godispåsar. Jag minns att vi bråkade om vem som skulle ge henne första godisbiten.

Åren gick och mamma sov längre på eftermiddagarna. De oväntade utbrotten kom. Det blev förenat med en osäkerhet att gå ner till mamma med godiset. Om vi var för glada och uppspelta så gjorde mamma en grimas och bad oss sluta vara "gapiga" där i sängen. När vi bråkade om vem som skulle ge mamma första godiset så blev hon irriterad och skrek att det var "ett dårhus". Ibland tyckte hon att vi valt fel godisar, hon tittade kort ner i påsen och lämnade ljudlöst tillbaka den. Och vände sig om för att sova vidare. Vi blev tystare och försiktigare när vi gick in till mamma på lördagskvällarna. Trippade in och hoppades att allt skulle gå bra. När mamma ropade efter godis så turades vi om med att gå ner till henne. Till slut upphörde ropen efter godis. Vi hörde henne när hon vaknade, hörde hur hon öppnade dörren, hörde prasslet när hon vittjade någon av våra godispåsar nere i köket och sedan gick hon tillbaka till sitt rum och lade sig för att sova igen.

I en hylla ligger en inramad bild på pappa. Den första tiden efter att han dog hade mamma den på bordet i hallen. Hon tände ett ljus bredvid. Men ett år senare tog hon bort den och gömde den här.

Bredvid bilden finns travar med gamla årsredovisningar, från alla de företag hon arbetat på. Procordia, Volvo, Vattenfall, SAS. Jag minns när den där SAS-olyckan inträffade i Milano och alla dog. Mamma bara försvann i tre dagar. SAS vd höll ett tal under en gudstjänst i Milano inför anhöriga till dem som omkommit. Jag lyssnade på talet via en live-länk. Det var mamma som skrivit det. Det var det finaste talet jag hört någon hålla. Jag var så stolt över mamma. Hon kunde vara i känslan och över den – samtidigt.

Alla de här framgångsrika männen som hon stod bakom. En bullrig pappa som låste in sig på rummet och skrev hundra böcker. En kolerisk make som var strängt upptagen med att göra teve för folkhemmet. Näringslivstoppar, den ena gubben efter den andra, som mullrade och slog sig fram, med hennes manus i handen.

Gubbe efter gubbe efter gubbe.

Och hon var alltid smartare än allihop.

Psykoterapeuten rullar in en ställning med ett anteckningsblock. Blocket är större än hon själv. Hon stannar mitt i rummet och tar fram ett set med pennor. "Äh", säger hon när den första inte fungerar. Den andra fungerar bättre. Det obehagliga ljudet av tuschpenna mot papper när hon skriver mitt namn i versaler på pappret.

"Där har vi dig", säger hon.

Sedan gör hon ett streck rakt upp och skriver min pappas namn och datum för hans födelse och död. Bredvid skriver hon mammas namn. Hon förhör mig noga, om samtliga i min släkt. Person efter person placeras in i myllret av namn som växer fram över pappret framför oss. Det vi gör kallas för "familjekarta". Tanken, säger hon, är att jag ska få perspektiv på mig själv. Genom att betrakta kartan kommer vi att kunna se olika mönster som går i arv i släkten, vi kommer att se hur konflikterna sett ut och hur man löst dem. Vilka personer har dålig kontakt med varandra och hur kan det komma sig?

För varje namn hon skriver ner så frågar hon om dennes relationer med mig och om människor omkring varit konfliktfyllda eller harmoniska. Det tar ett par timmar. Hon är så noggrann. För varje ny person på kartan så signalerar hon KONFLIKT genom att rita vågade streck till de som finns nära. Och hon signalerar HARMONI genom att låta strecken vara raka. Till slut är hon färdig. Vi står och tittar på alla namnen och alla strecken.

"Kan du se något? Någon tendens?"

Det blir så otroligt tydligt. På pappas sida är strecken raka och tydliga. Det är lugnt vatten, alla vill varandra väl. På mammas sida är strecken oroliga, böljande, nerviga. Relationer som gått i kras, konflikter som aldrig kommer att lösas. Livsfiender står sida vid sida med livsfiender. Syskon som börjar hata varandra. Fäder och barn som gör slut på relationerna. Det är en storm på mammas sida. Det är krig där borta.

"Mammas sida är bråkig", säger jag.

"Ja. Och kan du se var allt börjar?"

Jag tittar på kartan igen. Alla de där böljande strecken pekar oroligt uppåt mot en och samma person: Sven Stolpe.

"Morfar", säger jag.

"Just det. Någonting händer er. Det är som att han drabbar er alla. Kan du berätta lite om Sven Stolpe."

Mamma pratar sällan om morfar. Och varje gång jag

frågar så svarar hon med en lustig anekdot. Ständigt dessa historier som målar bilden av "det sanna originalet", han som är ursäktad allt för det att han bär kultur. Han framstår i historierna som rena rama haveristen, men alla bara skrattar. Mammas favorithistoria: morfar gick upp klockan 03.30 varje morgon. Mellan 04 och 07 skrev han på sina egna böcker. Klockan 07 till 08 läste han andras böcker. Sedan svarade han på korrespondens i en halvtimme. Klockan 08.30, när mamma och de övriga i familjen gäspande och morgonrufsiga tog sig ner till frukosten, så tog han emot dem i köket och sa: "God morgon! Nu är min arbetsdag över!"

Och så berättade han för familjen om allt han hade skrivit, allt han hade läst. Eller så berättade han om sina krämpor. De var många. "Jag har dragits med feber sedan 1931", påstod han någon gång på 90-talet. Han hade bara en kvarts lunga kvar och berättade om den i så många intervjuer att den under en tid blev Sveriges mest kända organ. Morfar råkade ut för en bilolycka i ungdomen. Bilen halkade av vägen och ner i ett djupt dike där den fattade eld. Han måste skadad ta sig ut innan hela bilen brann upp. En stark historia, som morfar återgav utförligt i en av sina tre memoarböcker. Det enda problemet för närstående som läste historien var att morfar utelämnat en detalj: mormor var i bilen också. Och mormor råkade mycket värre ut än han. Hon höll på att avlida. Tredje gradens brännskador på stora delar av kroppen. De fick operera bort hud från mormors lår och lappa över hennes hals. Om detta nämnde morfar ingenting, vilket kanske säger något om hans självcentrering.

Han hade ett enormt fokus på sig själv. Mamma berättade en gång om när morfar en lördag förmiddag hade kommit in på mammas flickrum och sagt: "Nu åker du och jag in till Malexander och går på bio!"

Ett par ögonblick av absolut förvirring. Kunde detta vara sant? Jo, morfar menade allvar. De skulle se West Side Story. Detta hade aldrig hänt förut. Mamma kastade sig upp ur sängen och gjorde sig i ordning. De åkte iväg med bilen, mamma fick sitta fram. När de kom fram till biografen steg mamma ur, men morfar satt kvar.

"Kommer du?" frågade mamma.

"Jag? Nej nej. Jag blir kvar i bilen."

Mamma förstod inte. Morfar packade fram sin skrivmaskin och lade den i knäet.

"Jag skriver lite här när du tittar på den där filmen."

Mamma lommade in ensam, och morfar satt kvar och skrev på nästa bok.

Mamma var favoritbarnet. Morfar kände sig särskilt

besläktad med henne. Det skapade ett kontrollbehov hos honom. Varje morgon under en period vaknade mamma på samma sätt – morfar stormade in, drog undan gardinerna och så gick han fram till mammas skrivbord och läste hennes dagbok. Det var som att det fanns en svartsjuka hos honom gentemot mamma. Å andra sidan visade han upp ett ointresse för henne som måste varit ännu mer drabbande. Mamma hade ofta känslan av att morfar över huvud taget inte ville veta av henne. De var på resa tillsammans på Capri en vecka och när de skulle åka hem så undrade morfar om mamma inte skulle stanna kvar på ön. Hon kunde arbeta och lära sig språket. Morfar och mormor åkte hem, och mamma stannade kvar. Hon inackorderades hos några katolska systrar och livnärde sig som guide för amerikanska och tyska turister. Hon var nio år gammal. Ännu en festlig anekdot.

Mamma kom hem efter några månader. Då blev hon omedelbart ivägskickad på klosterskola i Schweiz. Då var hon tio år gammal. När hon var färdig med den skickades hon vidare till en ny skola i Danmark. Där tvingades hon vara i ytterligare ett år. Hon berättade för mig vid något tillfälle att hon grät varje kväll, i ensamhet på rummet. De andra flickorna var elaka mot henne och mobbade henne. Hon skrev ett brev till morfar och vädjade om att få komma hem. Morfar svarade inte, och mamma misstänkte att brevet aldrig kommit fram. Så hon skrev ett till brev och vädjade. "Snälla pappa. Jag är olycklig här. Jag vill hem." Hon fick inget svar och skrev ett tredje brev efter någon vecka. Till slut kom svaret: "Du förblir där du är."

När mamma till sist kom hem till Sverige för att gå på gymnasiet tyckte mormor och morfar att det vore enklare om hon bodde närmare skolan, så de inackorderade henne i Mjölby i tre år. Sådan var hennes barndom. De skickade iväg henne hemifrån när hon var tio år gammal och sedan fick hon aldrig komma tillbaka. De hittade hela tiden nya sätt att hålla henne borta. Mamma växte upp i ett hem som inte ville ha med henne att göra.

Jag uppfattade alla de här historierna om morfars behandling av mamma som sorgliga, men mamma berättade dem alltid som kuriositeter. Hela barndomen var som en lustifikation. Som när mamma hade med sig sin första pojkvän hem till herrgården, Benny, bondgrabben från några gårdar bort. De åt middag. Mormor försökte hålla konversation, men morfar satt tyst och stirrade på honom. Efter middagen föreslog mormor att de skulle spela Alfapet. Morfar tackade nej och satte sig för att läsa en tidning. Mamma och Benny och mormor började spela. Mormor lade KAFKA och var mycket belåten. Benny böjde sig fram och försökte förstå ordet. Bokstaverade det för sig själv med rynkad panna. Och så sa han det numera klassiska: "Kafka. Vad är det?"

Och sedan var det ju ridå.

Benny visste alltså inte vem en av 1900-talets mest kända och inflytelserika författare var. Han visste inte ens att han var en människa, att Kafka var ett namn. Mormor och mamma hukade sig. Nu kunde allt hända. Morfar tittade stilla upp från sin tidning. Så vek han omsorgsfullt ihop den och gick och lade sig.

En kanonanekdot, som mamma ofta återgav. Alltid med ett leende på läpparna. Men det var något med mamma som förändrades när hon pratade om Benny. Hon fick ett sorgset stråk i blicken. Någon gång för många år sedan frågade jag mamma vad som hände, varför det tog slut mellan henne och Benny. "Min pappa ville inte att vi skulle vara tillsammans", sa hon. "Det visade han. Med önskvärd tydlighet."

När jag frågade vad som hände bytte hon snabbt ämne. Hon berättade sedan historien för Calle, helt apropå ingenting, under en middag. Både Benny och mamma gick på Mjölby folkhögskola, där morfar var lärare. En dag när mamma kom till skolan så såg hon att det på anslagstavlan satt en stor handskriven lapp med texten: LISETTE STOLPE ÄR EN HORA. Hon rev genast ner den. Lite längre bort i korridoren upptäckte hon en till. Och en till. I varenda korridor fanns lappar som berättade att mamma var en hora. Mamma förstod ju omedelbart, för hon kände igen handstilen. Hon visste att det var morfar som skrivit lapparna.

Mamma bestämde sig för att inte göra någon affär av det. Hon ville bara glömma alltihop. Morgonen därpå upptäckte hon att nya lappar satt uppe överallt. Folk började prata. Elever ropade hora efter henne i korridoren. Hon rev ner alla lapparna. Hon fick hjälp av Benny. När hon tredje dagen upptäckte att morfar hade satt upp lika många lappar till, så förstod hon att hon måste därifrån. Hon och Benny gick till rektorn. De förklarade läget, men rektorn var redan informerad. Han visste om allt. Rektorn uppmanade dem att sluta. Så de slutade på dagen och flydde till Stockholm, där de bosatte sig i familjen Stolpes lägenhet på Söder. Men morfar var så förbannad, han följde efter, jagade dem över halva Sverige. Morfars vilda hat mot Benny gjorde det omöjligt för mamma att vara tillsammans med honom, de gjorde slut några veckor senare.

Den här sidan hos morfar fanns också. Men den ville mamma i regel inte dela med sig av till oss barn. När vi ville att hon skulle berätta om sin pappa så valde hon istället ännu en dråplig anekdot från förr, om morfars excentricitet, som gjorde att vi skrattade. Men ibland har jag tänkt på den lilla flickan som alltid fanns med i utkanten av de där lustiga historierna. Den lilla flickan som rusar upp ur sängen och klär sig fin för att gå på bio med sin pappa. Alla förväntningar i bilen, äntligen ensam med mannen som så ofta låser in sig i arbetsrummet. I bilen, på äventyr, bara med pappa.

Ibland tänker jag på flickan i skolan som står vid anslagstavlan i korridoren och river ner lappar som påstår att hon är en hora. Hon skyndar sig, tittar sig oroligt omkring, tar bort lapp efter lapp, så att ingen ska se vad det står. Jag tänker att den flickan fanns en gång i tiden. Och hon tänkte saker och kände saker. Mamma själv vill inte prata om henne, men jag tänker på allt som hände och hur det påverkade henne, att den där lilla utsatta flickan skadades där, och att det inte är så konstigt att allt blev som det blev sedan.

Morfar var tydlig när det gällde sina omdömen om andra människor. Alla människor var antingen idioter eller genier. Alla som han inte dömde som dumskallar hyllade han som storslagna människor. Hans älsklingsord var "kolossalt". Han använde det hela tiden, kolossala intellekt eller kolossala dumhuvuden. När mamma får sina utbrott, när hon pratar om människor som "idioter" eller "sinnessvaga", så är det ju också ett direkt eko från morfar. Hans ständiga fördömanden blev mammas ständiga fördömanden. Morfar höll sig med ett stort antal livsfiender. Så fort någon av dem kom på tal så blev han svart i blicken. Det kunde handla om en författare som skrivit något obegåvat i Dagens Nyheter, men det kunde också vara en nära vän eller någon i familjen. Morfar förlät aldrig. Och han nöjde sig inte förrän vederbörande var förintad. Precis så är det med mamma också. Det finns inga korta duster, bara livslånga strider. Båda två får energi av konflikten, det är som om denna mörka energi ger dem skjuts i livet, styrka att gå upp ur sängen på morgonen. Jag bevakar mig själv noga, för det finns saker här som jag känner igen i mitt eget beteende. Morfars och mammas överord om andra är bekanta också för mig, jag dras till polemiken precis som de gör. Det finns liknande drag av elakhet hos oss tre. När jag började skriva för tio år sedan drevs jag av att ständigt positionera mig mot andra människor. I mina krönikor i kvällstidningarna slåss jag ilsket mot människor i offentligheten. Kanske handlar det om en förbannelse som måste brytas, så att jag inte ger vreden i arv till mina barn.

Men det finns en avgörande skillnad. Morfar och mamma livnär sig på vreden. Det är deras livselixir. Jag utövar den nästan tvångsmässigt – och blir försvagad av den. Jag mår illa av den. Mina kamper för jag bara i det offentliga rummet. Privat har jag ingen aning om hur man bråkar med någon. Jag får aldrig utbrott, kommer inte med några utfall. Jag kan inte komma ihåg en enda gång då jag har höjt rösten i vuxen ålder. Jag gjorde det heller inte som barn. Det fanns inte utrymme för det, helt enkelt. Jag klämdes fast mellan mammas och pappas humör och där lärde jag mig att det bästa var att tiga. Jag har varit tyst och kanske sorgsen sedan jag var tretton år.

Morfar dog först, sedan dog mormor några år senare. Arvskiftet var besvärligt. Detta ägde rum under den period då mamma var på sjukhus för den bukspottkörtel-sjukdom som hölls så hemlig för oss barn. Hon kunde inte medverka i bodelningen över huvud taget, så övriga barn åkte till mormors och morfars hus för att dela upp kvarlåtenskapen. När mamma tillfrisknade några veckor senare så blev hon rasande. Hon kände sig förfördelad och lurad. Jag minns hur hon skrek i lägenheten. "Jag har fått några dukar! Men resten har de tagit för sig själva!"

Mamma exploderade i raseri och i en elakhet som bara kunde överträffas av hennes pappas. Ett par av syskonen ringde mig, de sa att de inte förstod vad som hänt. De ville förstå. De hade ringt mamma och sagt: "Vi visste inte vad du ville ha, men kan du inte säga vilka av sakerna som var viktiga för dig, så ska vi se till att du får dem på en gång." Mamma hade svarat: "Förstår ni inte? ALLT är viktigt för mig. Varenda liten sak. ALLT."

Syskonen vädjade till henne att komma och ta vad hon ville, men hon vägrade. Hon var för stolt för det. De kunde inte förstå varför det var så känsligt för henne. De visste inte att hon hade en låsning kring barndomshemmet. Flera år senare, efter att pappa hade dött och hon flyttade till en egen lägenhet, påbörjade hon det storslagna projektet att försöka återskapa sitt barndomshem. Hon berättade det aldrig för mig eller mina bröder. Jag fick höra det via en väninna. Bit för bit, möbel för möbel, så återskapade hon barndomshemmet. Därför gick hon ofta omkring i vintageaffärerna i Vasastan. Därför kom hon ofta bärande på någon brun lampa från 60-talet när man hade stämt möte med henne på stan. Det här var hennes livsprojekt. Att bygga upp allt igen. Så när hon skrev till sina syskon att ALLT var viktigt så var det inte ännu en av mammas överdrifter. Det var alldeles sant.

Det är märkligt ändå. Mamma återskapade sin barndom genom att bygga upp den fysiskt. Jag återskapar min barndom genom att beskriva den i ord. Vi gör på olika sätt, men vi är ute i exakt samma ärende.

Varför gör vi så? Vad är det som vi delar? En längtan efter att få återuppleva något som hände för länge sedan? Kanske har vi båda gemensamt att något gick sönder där i början av våra liv. Viktiga relationer som inte fungerade. Något som inte gick att reparera sedan. Och de här ständiga resorna vi företar oss, det är vårt sätt att slunga oss tillbaka till en tid innan allt trasades. Vi reser till den enda tiden i våra liv då vi var hela, för vi känner oss trygga där.

Det är den ljusa förklaringen.

Den mörka är att vi återvänder till de smärtor vi trängt undan, tvingar oss att möta dem igen, så att vi äntligen kan bli hela.

Efterspelet av morfars död var starten för det utblommade kaos som alltid legat på lut inom familjen Stolpe. Mamma började hata samtliga sina syskon, syskonbarn och kusiner. Hon skrev en rad giftiga brev till släktingar och skadade relationerna med dem för många år framåt, några av dem för gott. Jag fick läsa ett par av de där breven sedan, formuleringarna var så förödande. Jag minns att ett brev, till ett syskon, slutade med orden: "Till dess är du varken värd min gamla vänskap eller min nya vrede."

Den meningen kunde lika gärna varit skriven av morfar. Eller av mig.

Det tar lång tid för mamma att öppna sin dörr. Det rasslar i lås och innerdörrar och hon får inte upp regeln och jag hör hur hon säger "äsch" där inne och jag ringer på dörren igen för att reta henne och hon ropar muntert "lugna dig" och sedan står hon där i dörröppningen, påklädd i ytterrock och scarf och målad i ansiktet.

"Hej gubbe", säger hon och vi ler mot varandra. Jag kramar om henne, känner hennes kantiga käke mot min.

"Jag hann inte skaffa kaffebröd, vi kan väl gå tillsammans till turken här nere och köpa?"

Vi går längs Pontonjärgatan i den låga februarisolen. Vi går i armkrok och det är något nytt, en förändring. Det kunde vi inte göra förut. Vi närmar oss varandra, fysiskt. Det är så vi säger till varandra att vi tycker om varandra, genom beröringar. Hon ger mig små försiktiga klappar på min arm då och då. Häromdagen när vi väntade på ettans buss så höll jag om henne för att det var kallt. Jag vet inte om jag i vuxen ålder har hållit om min mamma. Ibland när vi dricker kaffe kan det hända att hon smeker mig lite lätt över kinden.

Mamma har varit hemma från behandlingshemmet i tre veckor och tiden har inte riktigt varit som jag väntat mig. Hon har varit sig lik, fast nykter. Kanske lite argare än normalt. Så naivt – jag trodde hon skulle komma från behandlingshemmet som en annan människa. Jag trodde vi skulle ses på busstationen, jag hjälper henne med väskan och vi kramar varandra och hon stannar mig redan på Klarabergsviadukten och säger TACK och FÖRLÅT. Jag föreställde mig att hon skulle komma tillbaka ren, men fylld av ånger för allt som hänt mig och mina bröder i livet. Men så blev det inte, mamma har varken sagt tack eller förlåt.

Första gången vi sågs efter behandlingen, hemma på Nybrogatan. Jag tänkte att det var en stor dag. Jag tänkte att samtalen skulle vara svåra men djupa och på riktigt. Att vi skulle prata om allt som hänt. Jag ville krama mamma, gråta med henne. Men inget av det där hände. Jag var samma sorgliga person som alltid. Amanda gjorde kyckling med gräddsås och potatis, jag och mamma satt vid köksbordet. Jag frågade henne hur veckorna på behandlingshemmet hade varit och hon svarade bara "jobbigt" och sedan började hon rota efter något i handväskan, hon ville inte prata om det mer.

Jag ville göra mamma glad, så jag bad henne visa Amanda hur man gör en riktig gräddsås. Mamma tog över vid spisen. "Det ska vara lite mer soja än vad man tror", sa hon och rörde i kastrullen. Amanda på halvdistans, jag såg på henne att hon blev sårad. Jag offrade Amanda för att göra mamma glad. Vi åt kyckling under tystnad och sedan frågade jag igen.

"Kan du inte berätta lite om behandlingshemmet."

"Inte just nu", sa hon. "Jag orkar inte riktigt det."

Sedan drack vi kaffe och hon åkte hem. Amanda plockade undan tallrikarna i köket. Jag satt kvar vid köksbordet och kände hur avstånden växte. Jag tänkte att detta skulle vara vändpunkten i mitt och mammas liv, men hon var mest sur. Och inte en enda gång sa hon förlåt.

Sedan dess har jag försökt hålla kontakten. Jag föreslår enkla saker, som att vi ska ses och ta en kaffe. Och långsamt händer det ändå något. Vi går i armkrok på Pontonjärgatan. Jag tycker om att gå i armkrok med min mamma på Pontonjärgatan.

Plötsligt stannar hon till, tar tag i min ärm.

"Titta på det där. Vad är det för nåt?"

Hon pekar bort mot butikens ingång.

"Menar du hunden?" säger jag.

"Det där är ingen hund. Det är en häst."

Mamma har rätt i att hunden är stor, större än vad man är van vid. Den står precis utanför butiken och jag märker på mammas kroppsspråk att hon inte avser att gå vidare. Hon ställer sig med armarna i kors och avvaktar.

"Den är inte farlig. Det är ju bara en hund", säger jag.

"Den är inte kopplad", säger mamma.

"Jag ska beskydda dig."

Vi går vidare mot hunden, jag märker att mamma är rädd på riktigt, hennes grepp om min arm hårdnar. När vi går förbi den så byter hon sida om mig, låter mig vara en sköld mot hunden. Och sedan är vi inne. En ensam dam i butiken som står och skvallrar med kassören.

"Är det ditt djur där ute?" frågar mamma.

"Ja. Fin va?"

"Den är inte bunden. Den är lös. Dubbelt så stor som jag. Ska den stå där?"

"Ja, jag kan inte binda den."

"Varför det?"

"Därför att då skulle det vara lättare att stjäla henne."

"Stjäla henne?"

"Ja. Hon är mycket värdefull."

Mamma tittar häpet på hunden och sedan på damen. Hon får plötsligt energi och tar några steg mot kvinnan.

"Förlåt, men vem skulle vilja stjäla henne? Vi vill inte stjäla henne. Vi vill slippa henne."

"Hon är väldigt snäll."

"Hur ska jag veta det?"

"Du kan ju klappa henne."

"Jag vill inte klappa henne. Jag vill att hon ska dö."

"Dö?"

"Ja, dö. Eller i alla fall försvinna. För alltid."

"Du är inte klok."

"DU är inte klok!"

Mamma vänder och går ut. Hon hastar förbi hunden och försvinner ut över gatan. Jag springer efter henne och skrattar högt när jag kommer ikapp henne.

"Vilken jävla människa", säger mamma. Hon går fort med sina små ben, pinnar över gatan. "Och den där hunden. Skjut fanskapet!"

Jag kan inte sluta skratta.

"Det finns ett bageri runt hörnet. Vi kan ju gå dit", säger hon.

"Det blir bra."

Jag tar henne om armen. Jag går i armkrok med mamma på Pontonjärgatan.

Det är den 15 september 2014 och pappa skulle ha fyllt 95 år idag. Vad jag hatar att räkna så, det är så meningslöst. Det enda det åstadkommer är att påminna om att det faktiskt finns 95-åringar som är i livet, vilket bara gör det ännu mer smärtsamt att pappa är död. Jag hämtar upp mamma i bilen och vi åker till Skogskyrkogården för att besöka graven. Vi köper blommor hos handlaren vid tunnelbaneuppgången och så promenerar vi bort till graven. Gravplatsen är illa skött, det ligger kvar granris från julafton. Men det smidda korset är lika vackert som alltid, med löv i tunn metall som dinglar och rasslar varje gång vinden fångar tag i dem. Det finns en plats alldeles bredvid, där mamma ska ligga. Så är det tänkt. Mamma lägger ner en blomma och tänder ett ljus. Vi står en stund framför korset i tystnad.

”Ja du gubbe”, säger hon till mig.

”Ja”, säger jag.

Jag tittar på mamma som stumt blickar ner i jorden. Jag är glad att hon kom hit. Jag ser en tomhet i hennes ögon som gör att jag får dåligt samvete. Kanske har jag varit orättvis mot henne. Kanske tog pappas död för mycket plats i allas våra liv. Jag gav henne aldrig chansen att gå vidare. Jag tyckte att bilden på pappa som mamma hade försvann lite för snabbt från hallbordet. Eftermiddagsstunden när mamma tände ljuset bredvid porträttet – varför slutade hon med det redan efter några månader? Och när mamma träffade en ny man ett år efter pappas död så vägrade jag acceptera det. Jag var rasande. Jag minns en gång när vi bröder var på middag hemma hos henne. Hennes nye man hade just lämnat lägenheten innan vi kom. Mamma stod och log i köket. Stretchade låren och sträckte ut händerna över huvudet och grimaserade. "Underligt, plötsligt får man träningsvärk i muskler som man inte använt på hemskt länge", sa hon och log belåtet. Jag blev så arg att jag gick. Jag tog på mig jackan och bara drog. Min dåvarande flickvän hämtade tillbaka mig, och sedan pratade jag inte mer om det, men det där var ett ovanligt starkt sätt för mig att reagera på. Kanske var det fel. Det tog slut efter ett par veckor, och efter det har mamma inte träffat någon alls. Jag har dåligt samvete. Kanske var jag delaktig i att han försvann.

Genom åren har jag nog tagit pappas parti oftare än mammas. Frågan är om det varit rättvist. De bråkade så mycket. Det ägde rum en förskjutning i maktbalans mellan mamma och pappa. Första halvan av deras liv tillsammans dominerade pappa. Hans sätt att styra familjen genom tider och scheman. Hans fysiska styrka och de plötsliga utbrotten som kunde sätta hela familjen ur spel av skräck. Andra halvan styrde mamma. Pappa var då pensionerad och allt svagare av ålder och mamma var irrationell. Hon dominerade familjen genom sin frånvaro, den stängda dörren till sitt rum, där bakom i mörkret styrde hon varenda sekund av våra liv.

Pappa älskade mamma – alltid. Varje dag tills han dog. Han var besvärlig att ha att göra med när han var stark, och kanske ännu mer besvärlig när han var svag, men hans grundhållning var alltid kärlek. Det gick inte att ta miste på. Han kunde göra allt för henne. Jag vet inte om mamma någonsin älskade pappa tillbaka. Det är klart att det fanns glödande stunder i min barndom när jag vid något tillfälle såg mamma ta pappas hand. Någon tevekväll då mamma lade sina fötter i pappas knä och han masserade dem. Jag ville inte röra mig ur fläcken då, ville inte säga ett ord av rädsla för att bryta förtrollningen. En annan gång pratade de stilla i köket om att skaffa ett barn till. Och jag har sett fotografier på mina föräldrar från när jag bara var ett par år gammal. På en bild sitter mamma i pappas knä. Jag har aldrig sett det äga rum i verkliga livet, men jag glömmer aldrig det där fotografiet, för det är ett tecken på något som jag aldrig kunde bevisa själv: att de var ömsesidigt förälskade i varandra en gång i tiden.

När pappa gick i pension var mamma 33 år gammal. När han försvagades var mamma fortfarande så ung. Jag tror nog att hon försökte göra det bästa av det. Och under en period så fungerade det. Pappa och mamma satt hemma om kvällarna och tittade på teve. Pappa gick alltid och lade sig tidigare än mamma. Han gick runt och pussade alla oss barn på våra huvuden och sa god natt. Vi satt kvar och tittade på teve med mamma och han försvann in till sig. Efter trettio minuter hördes dörren från hans sovrum öppnas och så stod han där i öppningen till vardagsrummet. I pyjamas och tofflor.

"Jag kunde inte sova."

"Nähä?" sa mamma ironiskt.

Hon log tålmodigt. Pappa stod där och kliade sig i huvudet, och han log också.

"Nä. Jag försökte, men det gick inte."

Och vi barn skrattade, för vi visste ju att det skulle hända. För det hände varje kväll. Pappa återvände från mörkret och stod där i dörröppningen. En stillsam liten ritual som vi kommit att uppskatta.

"Kom och sätt dig", sa mamma.

"Ska vi ta nåt litet?" sa pappa.

Och han tog fram lite rester från kylen. Någon korvbit och skinka. Och öl och en snaps. Och de satte sig i köket och pratade. Och efter en halvtimme reste pappa på sig igen.

"Jag gör ett nytt försök."

"God natt. Sov gott", sa mamma.

Irritationen mot pappa låg ständigt på lut. Mot slutet så växte den till något annat. De sista åren kände jag att hon hatade honom.

Tevekvällarna blev minfält.

Pappa pussade oss på våra huvuden och gick för att göra sig i ordning för kvällen. Han började med att gå till köket och sätta på kranen, för han ville låta det spola en stund så att han fick ett glas med kallt vatten på nattygsbordet. Och han donade med sina mediciner och vattnet slog mot det rostfria stålet.

"Stäng av vattnet!" ropade mamma irriterat till slut.

"Ja, ja", mumlade pappa.

Men han lät det stå på. Gick och gjorde kvällstoaletten. Tvättade sina glasögon så att han kunde läsa något i sängen.

"Men herregud, stäng av vattnet nån gång!" skrek mamma.

"Men då blir det inte kallt!" skrek pappa tillbaka.

Så till slut tystnade ljuden och pappa var borta. Det var som om mamma äntligen kunde slappna av. Efter en halvtimme öppnades dörren till pappas sovrum och där stod han. Det enda som krävdes var ljudet för att mamma skulle reagera. Hon stönade ljudligt, rakt ut.

"ÅÅH!"

"Jag kunde inte sova", sa pappa.

Han började gå mot oss. Mamma sa i falsett för sig själv:

"När ska denna terror ta slut, jag klarar det inte längre. Jag klarar det inte!" Och så ett stilla gråtande, en hopplöshet som långsamt, långsamt åter övergick till vrede.

"Varför sover du inte, Allan?"

"Jag försökte. Men det gick inte."

Hon svarade inte. Tittade stint in i teven. Pappa läste alltid situationer av det här slaget illa. Han kunde helt enkelt inte förstå förskjutningen. Det som alltid varit en trevlig tradition hade förvandlats till något annat.

"Ska vi ta en bit?" sa pappa.

"Nej tack", sa mamma utan att vända blicken från teven.

"Jag tittar lite på teve med er då", sa pappa.

"Det är ju makalöst", sa mamma högt.

Jag och mina bröder försökte laga situationen, gjorde vad som stod i vår makt för att den inte skulle spåra ur. Alla frågor som riktades till mamma svarade vi blixtsnabbt på.

"Vad tittar ni på?"

"Falcon Crest", svarade jag. "Kom och sätt dig."

Pappa slog sig ner. Tittade förstrött in i teveskärmen. Han såg ner i bordsskivan, såg sig omkring. Jag visste redan vad han var ute efter.

"Orkar du gå och hämta en whisky till mig?" sa pappa till mamma.

"Jag kan göra det!" sa jag och Calle. Vi flög upp ur soffan och gick till köket.

Och så vandrade kvällen nervöst framåt. Minsta ljud från pappa kunde när som helst orsaka ett utbrott från mamma. Vi tre bröder arbetade snabbt och mycket erfaret för att minimera risken. Men vi förlorade oftast till slut. Mammas iskyla nådde inte fram till pappa – han fortsatte att småprata. Han märkte inte signalerna. Hur tydliga de än var. Pappa satte ner whiskyglaset på glasbordet lite väl ljudligt och genast kom en högljudd suck från mammas håll. Pappa hostade och snöt sig, och mamma gav honom ett äcklat ögonkast. Pappa frågade om han fick smaka lite av mammas popcorn och mamma tog upp

skålen och ställde ner den med en smäll bredvid pappa.
"Varsågod! Ta allihop!"

Pappa tittade förvånat upp på mamma. Som om han inte alls kunde förstå varför hon höjde rösten. Och så släppte han det och tog en näve popcorn. Till slut brast det helt för mamma.

"Faktiskt, Allan. Nu får du gå och lägga dig!"

"Ja, ja. Jag ska."

"Men gör det då!"

"Jag ska bara dricka upp."

"Fine! Då går jag och lägger mig!"

Mamma reste sig och plockade på sig sina cigaretter med häftiga rörelser.

"Nej, nej! Jag går nu", sa pappa.

Han lufsade iväg. Mamma satte sig ner i soffan igen. Och vi tre barn tittade efter honom, när han långsamt gick mot sitt rum och stängde dörren efter sig. Jag gick till köket och hällde vatten i ett stort glas. Och så fyllde jag på med isbitar i glaset, så att det klirrade och bildades imma på utsidan. Jag gick in med glaset till pappa.

"Här pappa."

"Vad fint av dig, pojke."

"Sov gott", sa jag. "Jag älskar dig."

"Jag älskar dig, min pojke."

Jag vände tillbaka till vardagsrummet. Satte mig i soffan igen, fylld av två känslor som stod i rak konflikt med varandra. Fortfarande rädd för mammas humör och på min vakt för vad det humöret skulle kunna ställa till med. Men allt oftare i samband med att mamma behandlade pappa illa under de där kvällarna, så kände jag för första gången något annat än rädsla för mamma. Jag kände ett ogillande.

De pratade om att skilja sig när jag var sju år. Jag skulle sova på torpet, men genom de tunna plywoodväggarna hörde jag vartenda ord i deras samlade diskussion. Jag hörde hur de delade upp barnen mellan sig. Hur de gjorde upp praktiska lösningar för lägenheten och torpet. Jag låg i sängen och kände att livet gick sönder. Katastrofen, som jag hade kämpat mot i så många år, hade nu inträffat. Sedan rann det ut i sanden. Dagen efter, när jag trodde att de skulle packa väskor och ta farväl, så fortsatte livet på torpet som vanligt. Vi lade nät och grillade. Jag vet inte vad som hände.

I efterhand tänker jag ofta på vad som hade hänt om de faktiskt hade skilt sig den där gången. Jag är allt mer övertygad om att det hade varit det bästa för alla om de gått skilda vägar. Mamma behandlade pappa så illa sedan.

Pappas sista år i livet förstördes av sömnpillren. Det var

väl inte med flit, men han tappade kontrollen över dygnet och började ta dem både morgon och kväll. Jag hade flyttat hemifrån och kunde komma hem och upptäcka att dörren till pappas rum var stängd. Jag knackade på. Inget svar. Jag knackade ännu hårdare. Inte ett ljud där inifrån. Jag gick in och där låg han i sängen och sov. Jag ruskade om honom försiktigt och när han vaknade tittade han på mig förskräckt, häpet.

"Men herregud, Alex. Vad gör du här inne mitt i natten?"

"Klockan är tre på eftermiddagen."

"Nej, nej."

Jag gick bort till fönstret och drog upp persiennerna. Hela rummet badade i sol. Han stapplade upp och satte sig i köket. Och där satt han länge i sin morgonrock och försökte få dygnet att gå ihop. I rummet intill låg mamma och var dålig. Det där året var det tystaste året genom tiderna. Det var så kusligt, mina föräldrar var så drogade att de hade slutat prata. Att komma in i lägenheten och mötas av den där kompakta tystnaden, jag hatade den.

Förvirrad av sömnpillren kunde pappa vakna till och plötsligt göra utflykter i lägenheten. Han började ramla. Ett par gånger i veckan inträffade ett fall. Och mamma var berusad och dessutom för svag för att dra upp honom. Hon bestämde sig för att det inte gick att ha pappa i lägenheten längre. Hon placerade honom på ett vårdhem i Årsta. Det var ett rimligt beslut med tanke på omständigheterna, men jag hade svårt att förlåta henne för det. Han var så olycklig där när vi hälsade på honom. Vi turades om och försökte se till att någon av oss åkte dit en gång om dagen. Varje gång frågade han: "Vet du om mamma kommer snart och hälsar på?" Vi svarade alltid undvikande. Äldrevården visade tänderna och placerade sedan pappa i ett nytt hem. Och kort därpå bytte han igen. Och så opererades han för sitt lårben som skadats i ett av fallen och i sviterna av operationen drabbades han av en blodförgiftning.

Vi samlades hela familjen runt hans bädd på sjukhuset. Han låg med slangar genom näsan och munnen, puls-mätare som blinkade och vita klisterlappar på bröstkorg-en. Han sov djupt, men andades oregelbundet. Ibland tystnade han bara i några sekunder, låg där helt stum, som om han vore borta.

"Kom igen, Allan", mumlade mamma och strök ho-nom över håret. "Du måste andas, Allan."

Och med en flämtning tog andningen fart på nytt. Efter en stund hände samma sak igen, den där kusliga tystnaden.

"Kämpa, Allan. Du måste kämpa."

När han hämtade andan igen så mumlade mamma "bra jobbat älskling" och pussade honom på pannan. Det var så fint att se. Mamma visade ömhet för pappa. Jag hade inte sett det på så många år. Återigen, som en reflex, tändes hoppet om min mamma och pappa, att de skulle hitta tillbaka till varandra och bli lyckliga.

Två dagar senare dog han.

Mamma ska flytta från sin lägenhet på S:t Eriksgatan, in till Östermalm. Hon vill komma närmare mig och Calle. Vi står vid de staplade flyttkartongerna i vardagsrummet, dammråttor från ett annat årtionde i hörnen, mattorna ihoprullade och tejpade – det ser ut som att det ligger ett lik var i dem. Våra ljud och röster studsar mot de kala väggarna. Vi hjälps åt att lägga tidningspapper om glas och skålar från vitrinskåpet och sedan lägga ner dem i en flyttkartong. Hon gör en liten paus och tittar sorgset ut över lägenheten.

"Det är så dystert att se sitt hem på det här sättet", säger hon. "Som ett skelett. Det känns ovärdigt."

"Ja. Det är ett trauma att flytta."

Mamma gör ett ljud.

"Ja! Precis så. Det är ett trauma."

Vi fortsätter med porslinet. Klirr och prassel. Det är något med den här sysslan som ger mig ro. Den kräver ingenting av oss. Vi behöver inte tänka, vi behöver inte prata. Vi behöver inte titta på varandra. Som på somrarna när vi plockade blåbär uppe i skogen ovanför torpet. Vi satt på knä över de fuktiga mossarna. Det var så tyst. En mygga över ens axel. En gren som brast under en stövel. Ljudet av en bil över grusväg långt borta.

"Oj", sa mamma när hon hittat ett nytt ställe att plocka på.

"Är det många?" frågade jag.

"Nej, kom inte hit!" ropade mamma. "Det här stället ska jag ha för mig själv." Och vi skrattade. Och sedan var vi tysta igen. Hukade oss fram över skogen.

"Titta på den här då", säger mamma och skrattar till. Ett inramat fotografi på pappa, ett av de få fotografier då han inte har skägg. Han ser märklig ut, som en inavlad version av sig själv.

"Vill du ha den?" frågar mamma.

"Absolut inte", säger jag.

Mamma skrattar.

"Du var så rädd för pappa de gångerna han rakade av sig allt skägg. Du kände inte igen honom, du trodde att han var nån annan."

"Jag minns att jag gick hem från dagis och när jag kom upp på uppfarten så såg jag en främmande man stå och vattna blommorna på terrassen. Jag blev så rädd. Jag förstod på en gång: den där mannen har dödat min mamma och min pappa och mina bröder. Han ska bosätta sig i vårt hem, ta över våra liv. Nu vattnar han blommorna och väntar på att jag ska komma hem, så att han kan döda mig också."

"Kommer du ihåg det här? Jag minns det också. Du sprang!"

"Ja, jag stod där utanför som förstenad en stund. Sen släppte jag min lilla ryggsäck och vände på klacken och sprang för mitt liv. Jag förstod att jag inte får vända mig om, får aldrig se tillbaka, får aldrig återvända, jag måste bara springa och springa, tills jag hittar ett nytt hem och ett nytt liv. Jag sprang upp till nån landsväg, minns jag. Korsade den, och in i en skog. Och där fångades jag upp, bakifrån. Jag sprattlade och slogs vilt, för jag trodde det var han, mannen på terrassen, som skulle döda mig. Men det var du."

"Ja. Du var så rädd. Jag bar dig tillbaka. Du höll om mig, jag kände dina naglar borra sig in i min rygg."

"Jag minns att vi satt i en soffa eller en fåtölj sen."

"Ja. Det tog ganska lång tid innan du blev lugn igen."

"Vad var jag för en harig typ", säger jag och skrattar till.

"Nej, du var inte harig. Du var skör. Du var så tunn i kroppen och du höll dig mest undan. Men du hade en vaken blick, du såg allt. Du har alltid varit en iakttagare, Alex."

"Ja. Jag pratade inte så mycket."

"Nej. Men du tänkte mycket."

Mamma slår in det inramade fotografiet i tidningspapper och lägger i en flyttlåda.

"Det var nog din fantasi som gjorde dig så rädd. Den skenade iväg. Du var alltid så rädd att nån i familjen skulle dö. Så fort nåt oväntat hände uppfattade du det som att hela familjen eventuellt kunde vara utplånad."

Jag skrattar högt och länge. Mamma också.

"En gång i Spanien", säger mamma. "När vi hyrde hus där, du kan inte varit mer än fyra år. Det var tidig morgon och alla sov, men jag tog emot en mäklare och två spanska spekulanter som kanske skulle köpa huset. Så mäklaren gick runt och visade huset. Jag trodde du sov. Men du hade tydligen vaknat av ljuden. För plötsligt såg jag hur din dörr flög upp och du sprang ut. Det gick så fort, jag såg bara din lilla pyjamas försvinna ner för trappan, som en liten vimpel. Jag sprang efter dig, men du var så väldigt snabb, du sprang ut ur huset, ut i trädgården och ut på gatan utanför. Och så ner mot byn. Det var läskigt, för trafiken var ganska tung där ute. Jag ropade, men du bara sprang och sprang. Jag hann ifatt dig till slut. Och bar dig tillbaka. Du berättade att du trodde att de där rösterna tillhörde män som hade dödat hela vår familj, att du var ensam kvar. Jag fick trösta dig i timmar sen. På en solstol på uteplatsen satt vi. Minns du?"

Nej, det gör jag inte. Men jag minns känslan av att vara nära henne. En känsla av att jag passar in i henne, att min kropp är gjord för att ligga tryckt mot mammas. Det finns inga ben och kantigheter. Jag ligger på rygg på hennes bröst, hennes armar ligger över mig, det skapar en trygg tyngd, hon lämnar mig inte. Hon pussar mitt huvud om och om igen. Hon andas genom näsan och då blir det lite varmt och skönt på huvudet.

"Du tröstade mig ganska många gånger", säger jag. Det är mer en fråga än ett påstående.

"Ja. Du var ganska ofta ledsen."

Jag vill verkligen minnas. Varför kommer jag inte ihåg det här? Mamma har trängt undan alla hemska minnen. Och behållit allt som var fint. Jag tycks ha gjort det omvända.

Mamma lägger en arm på min. För första gången tittar hon upp på mig och jag tittar på henne.

"Vi hade det ganska bra, du och jag", säger mamma.

Jag märker att hennes ögon blir glansiga. Jag försöker hålla tårarna tillbaka. Jag lägger en hand på hennes axel.

Klappar henne försiktigt. Hon lutar sig in mot mig, hennes huvud mot min bröstkorg. Vi står så en stund.

Sedan börjar vi packa in tallrikar i tidningspapper igen.

Mamma har varit nykter i ett och ett halvt år och idag ska hon vara barnvakt. Jag ringde henne igår kväll från bilen och frågade. Jag försökte låta som om det vore det mest naturliga i världen, det är väl inget konstigt att barnens farmor kommer och passar barnen? Och mamma svarade på liknande sätt, jovisst-absolut, hon kunde komma och ta hand om barnen och sedan började vi prata om hur det praktiskt skulle gå till. Men jag kände det så starkt, att det var en högtidlig stund för oss båda.

Inte en enda gång under åren har vi pratat med varandra om den senaste gången mamma vaktade Charlie. Och ändå var det vår mörkaste stund. Det enda sättet för oss att reparera det är att göra om det.

Både Charlie och Frances gillar farmor. Hon kommer ett par dagar i veckan och äter middag med oss. Hon har alltid med sig godis i väskan. Hon säger till mig att det ska bli hennes kännetecken för barnbarnen, att även om det inte är lördag så ska barnen veta att när farmor kommer så finns det alltid godis i handväskan. Och jag har strängt meddelat barnen att godis äter vi på lördagar, bortsett från de gånger när farmor kommer, för då får man äta godis även om det är måndag. Och det är alltid samma sak, efter middagen, mamma tar fram handväskan och barnen samlas runt henne. "Då ska vi se vad vi har här …", säger hon och börjar rota.

Mamma kommer tidigare än utlovat och sätter sig med barnen i soffan och ritar. Jag byter om och tar på mig ytterrocken och tittar på dem i smyg en stund i dörröppningen. Jag vill inte gå och äta, jag vill bara stå kvar här och titta, lyssna på deras koncentrerade mummel när de försöker rita en fjäril. Charlie frågar om mamma kan göra en fläta i hennes hår och mamma slår till mot sina knän. "Kom hit så ska jag göra en riktigt fin."

Mamma borstar Charlies hår. Jag ser att hon borstar det längre än nödvändigt. Långa, ömsinta drag med borsten. En teve står på där borta vid väggen, med Barnkanalen. Charlie släpper sin krita och lägger sig över mammas mage och tittar på programmet. Mamma är så försiktig i rörelserna. Breder ut armarna över henne. Hon pussar på hennes huvud. Jag ser den där lilla kroppen i mammas famn, och tänker på när jag själv låg där.

Mamma har varit nykter i ett och ett halvt år och jag har väntat på att hon ska säga förlåt. Men när jag står där så inser jag att det äger rum ordlöst, framför mig. Att hon kommer hit för att ta hand om Charlie. Att jag låter henne göra det. Det är så mamma säger: "Jag är ledsen för allt." Det är så jag svarar: "Det gör inget."

Senare på kvällen, när vi kommer hem. Amanda går för att borsta tänderna, men jag bjuder mamma på en kopp te i köket. Vi sitter länge där. Jag har tänt ljus och gjort fint. Jag har släckt lampan i vardagsrummet, för det skenet är kallt och ogästvänligt. Vi viskar till varandra, ingenting med att vara i det där köket tillsammans med min mamma känns konstigt eller avigt. Det känns bara självklart.

"Hur ofta tänker du på din pappa?" frågar jag.

"På morfar? Inte särskilt ofta."

"Kan du inte berätta om honom."

"Vad ska jag berätta?"

"Berätta nåt minne från din barndom."

"Jag minns när han blev så rasande på att honoraren för romanen minskade. Då ringde han Aktuellt och Rapport och bad dem komma hem till honom. Han sa åt dem att rigga upp kamerorna vid öppna spisen. Och så satte han sig där med sitt senaste bokmanus. Omsorgsfullt kastade han in ark efter ark i elden. Han brände upp hela sitt manus, för att ge ut det i bokform skulle ändå inte kunna försörja honom."

Mamma skrattar och skakar på huvudet.

"Drack morfar mycket?"

"Nej, inte mer än andra, tror jag."

"Hur ofta tänker du på alkohol?" frågar jag.

"Vad menar du? Aldrig."

"Tänker du aldrig på alkohol? Kan du inte sakna det ibland?"

"Nej nej."

"Men det måste ju varit jobbigt att dricka så länge och sen bara lägga av?"

Mamma tittar frågande på mig. Stämningen förändras i rummet.

"Jag vill faktiskt inte prata om det", säger hon.

Mamma reser muren igen. Den är omöjlig att ta sig över.

Precis innan hon ska gå säger hon att hon måste berätta något, som säkert inte är viktigt, men hon vill ändå säga det.

"Jag har haft ont i magen under den senaste tiden."

"Vadå för ont?"

"Jag vet inte riktigt. Ibland hugger det till och gör så ont att jag knappt kan stå på benen."

"Hur länge har du haft ont?"

"Några dagar. Kanske en vecka. Jag ville inte säga nåt till dig, för då skulle du bli orolig."

"Du måste kolla upp det."

"Jag vet. Men du vet vad jag tycker om läkare."

"Det är säkert ingenting, men om det fortsätter så måste du kolla upp det."

"Du har rätt."

"Lovar du att gå till läkaren imorgon?"

"Absolut inte!"

Vi skrattar. Jag blåser ut ljusen och följer henne till dörren.

Det ringer på min telefon om och om igen, och hela tiden trycker jag bort samtalet. Jag kan inte svara, för jag sitter i ett möte på Sturegatan. Jag skulle helst av allt ha stängt av telefonen helt, men jag vill ha den på ifall mamma skulle ringa. Jag pratade med henne senast i morse och då hade smärtan i magen tilltagit. Det hade börjat igår på kvällen och sedan blivit värre. Hon har svårt att beskriva den, det liksom bara hugger till plötsligt och då gör det så ont att hon inte kan gå eller stå. Och sedan försvinner det ett tag, för att komma tillbaka. Jag sa åt henne att vi måste träffa en läkare, och först sa hon nej, men till slut gick hon med på det. "Om det inte blir bättre under dagen så kan vi åka in", sa hon. "Men jag ska försöka sova nu, för jag har inte sovit en blund inatt och jag är helt färdig."

"Ska jag komma över? Behöver du nåt?"

"Nej, jag vill bara sova. Tack älskling."

"Är du säker? Det är inga problem för mig. Vi kan dricka en kopp te."

"Jag är säker. Jag stänger av telefonen en stund och ringer när jag vaknar igen."

"Måste du stänga av telefonen?"

"Annars ringer ju bara du eller Carl Johan och väcker mig! Ni ringer ju som dårar! Ni är ju inte kloka!"

Jag kände lättnad över hennes skämtsamma ton. Vi lade på luren och sedan dess har jag väntat på hennes samtal. Jag har ringt henne flera gånger, men telefonen är fortfarande avstängd. Jag har svårt att lyssna på ett ord av vad som sägs runt konferensbordet. Jag mår illa av situationen och bestämmer mig för att gå hem till henne för att se hur hon har det. Det ringer återigen på min telefon, samma nummer, om och om igen. Vad är det fråga om? Vad är det den här människan vill?

"Hallå?"

"Är det Alex Schulman?"

"Ja, det är jag."

"Jag heter Marie och arbetar som undersköterska och har haft en del kontakt med Lisette under de senaste åren. Vi skulle ha setts idag på en kopp kaffe, men hon dök inte upp. När hon inte svarade så gick jag hem till henne och ringde på. Det var inte bra med henne, Alex."

"Nej, jag vet. Hon har ont i magen."

"Ont i magen? Det är mycket värre än så. Hon var borta. Nästan medvetslös. Hon hade skyhög feber, över 40 grader skulle jag tro. Hon visste knappt vad hon hette. Hon kände inte ens igen mig!"

"Men Gud ... Jag har sagt åt henne att vi ..."

"Jag ringde en ambulans på en gång."

"Du ringde en ambulans?"

"Jag tror inte du förstår hur illa ställt det är med henne. Det här är inte bra, Alexander."

"Var är hon nu?"

"Hon är i ambulansen. De tar henne till Danderyds sjukhus."

Jag springer ut på gatan, upp för Linnégatan till bilen. Jag är på sjukhuset på femton minuter. De där omöjliga korridorerna med pilar i olika färger som visar vägen till de olika avdelningarna. Jag hittar ner till den överfulla akutmottagningen. Det är patienter överallt. I korridoren ligger de parkerade efter varandra i sina britsar i en lång rad. Sköterskorna och läkarna som passerar mig undviker skickligt ögonkontakt med allt och alla, för de vet att om de blir stannade här så är de fast sedan. De måste vidare, till patienter som behöver dem omedelbart. Med patienterna förhåller det sig tvärtom – de söker ögonkontakt med alla, de lyfter blicken när de hör steg i korridoren för de hoppas att det nu kommer en läkare som ska ta hand om dem.

Jag anger min mammas namn och personnummer för en tant i receptionen och hon leder in mig i akutrum 7, och jag slår upp dörrarna och där ligger hon i en brits. Jag förstår inte hur hon kan vara så tunn. Hur har det här gått till? Jag såg henne för två dagar sedan, hon måste ha gått ner tio kilo sedan dess.

Vad är det som har hänt?

Jag sätter mig vid henne och håller hennes lilla hand. Hon tittar på mig och ler, men jag vet inte om hon känner igen mig. Det är full aktivitet i rummet. En läkare ber mig gå åt sidan. En sköterska tar blodtryck. En annan försöker hitta en åder i mammas arm så att hon kan få dropp, men armen är så tunn. Sköterskan söker och söker med sina handskbeklädda fingrar för att hitta rätt. Hon gör ett försök som misslyckas och mamma skriker till av smärta.

"Jag vet att det här gör ont. Men jag måste försöka hitta in", säger hon. Hon gör ett nytt försök och misslyckas igen. Mamma rycker till och grimaserar. En annan sköterska tar över. De är så fokuserade, alla. Jag önskar att de kunde vara lite mer avslappnade, att de skulle småprata lite mellan försöken, för då kunde det inte vara så allvarligt ställt med mamma. Men det är helt tyst. Jag står med ryggen tryckt mot en av väggarna och bara tittar, i chock.

Jag får inte gå fram till mamma, så jag ropar saker där från väggen för att uppmuntra henne.

"Allt kommer att bli bra, mamma!"

"Oroa dig inte!"

"Du får mediciner nu, snart kommer du må bättre!"

Minnet slutar delvis att fungera, jag minns bara fragment, bara bilder och ord. En läkare som frågar mamma vilken dag det är – mamma svarar inte, hon tittar bara upp i taket. Mammas blod som flyter upp i en slang och sugs upp i ett rör och någon springer iväg med det. Mamma är barfota, ambulanspersonalen kanske inte hann ta på henne skorna där hemma. Någon trär på henne ett par strumpor. Sköterskan gör ett nytt försök med nålen och jag vänder bort blicken, jag kan inte titta. Jag hör bara mamma som skriker. En sköterska visar plötslig ömhet för mamma, hon klappar henne försiktigt på kinden. Två sköterskor lyfter upp mammas huvud för att få in en till kudde där under så att hon kan vara mer upprätt, mammas skrämda blick när de handskas med henne, hon förstår inte vad som händer. Ännu en läkare kommer in i rummet, de är två där inne nu. Han förhör sköterskorna och bestämmer att mamma ska få smärtstillande och penicillin. Han ska precis gå, men får syn på mig och kommer fram. Han är ung och vacker och han ler. Han lägger en hand på min axel, undersöker min blick. Och så säger han: "Oroa dig inte. Det här kommer gå bra."

Och då gråter jag.

Jag vet inte hur länge det här pågår. Tio minuter, kanske en halvtimme. Men till slut blir det lugnt. Sköterskorna lämnar rummet en efter en och jag går fram till henne, och lägger försiktigt huvudet mot hennes brännheta bröst.

"Det kommer gå bra, mamma."

Hon svarar inte. Jag säger det lika mycket till henne som till mig själv.

"Oroa dig inte, mamma. Det kommer gå bra."

Jag minns när jag var sjuk som barn, mamma bäddade ner mig i min säng. Hon vände på kudden så att jag fick den kalla sidan upp, för det visste hon att jag tyckte om. Och så kände hon på min panna och sa: "Oj oj, lilla elementet." Och jag låg vimmelkantig av febern, halvt vaken och halvt i sömn, men jag kände tyngden av mamma på sängkanten, kände hennes svala hand på min panna och hela tiden upprepade hon: "Du är mitt lilla element."

Mamma somnar efter en stund och jag sitter på en pall bredvid henne hela tiden. Jag tittar på hennes ansikte, det är så vackert nu när hon inte har ont längre.

Mamma väger 35 kilo. Det är läkarna säkra på, för de har vägt henne flera gånger sedan hon kom från akuten till avdelning 67 igår. Orsaken till den otroliga viktminskningen är däremot fortfarande ett mysterium. De tror att hon fick någon infektion, men de kan inte riktigt lista ut vad den berodde på. Mamma själv minns knappt någonting från gårdagen. Hon kommer inte ihåg hur hon anlände till Danderyds sjukhus, hon minns inte ambulansen och har bara svaga minnen av att jag var där. Men penicillinet gör henne gott. "Hon svarar bra på det", som läkarna säger. Hon mår så mycket bättre nu. Jag märker det på henne, för varje minut som går så känner jag att hon blir starkare. Det märks också på hur hon reagerar mot personalen. För en stund sedan skällde hon ut en sköterska för att de inte tagit nog hand om hennes rumskompis, en bjässe till man som skadat sitt bäcken och inte kan röra på sig. "Att han får ligga en hel natt utan ens ett täcke! Utan lakan! Det är höjden! Den här mannen har jätteont, ser ni inte det, och ni kan inte ens bädda en säng till honom!"

När en annan sköterska sticker in huvudet så gör mamma en snabb grimas mot mig och viskar sedan: "Jag blir tokig på henne. Hela tiden ska hon tilltala mig som 'vi'. Hon säger: 'Har vi tagit medicinerna?' Jag blir galen."

En läkare kommer in och då börjar mamma omedelbart tjata på att få åka hem.

"Jag mår faktiskt bra nu."

"Tyvärr, Lisette. Du måste nog bli kvar med oss i några dagar till."

Och så tar läkaren mig avsides för att prata om mamma. Som om hon själv vore omyndigförklarad. Han säger att de är oroliga för hennes vikt, för det gör att hon är skör. De skulle helst vilja göra en titthålsoperation för att se vad som står på, men de vågar inte just nu. Mamma är för tunn och för svag. Det viktigaste är att hon äter mycket när hon kommer hem. Jag lovar honom att jag ska se till att hon äter. Jag frågar återigen vad han tror det kan ha varit, varför hon blev så sjuk. Men han vet inte. Han säger att de har tagit en massa prover och att de ska ta fler prover imorgon. Då kanske de får svar.

Jag högläser Aftonbladet för mamma vid sängkanten. Hon reagerar med de sarkasmer som kännetecknar henne. Ingemar Stenmark ska vara med i Let's Dance. Mamma finner det festligt och ovärdigt på samma gång. Siewert

Öholm rasar i ett debattinlägg mot den nya tidens vulgär-teve. "Siewert Öholm? Lever han? Skjut fanskapet", ut-brister mamma. Jag läser och mamma skrattar och mutt-rar och himlar med ögonen och fäller kommentarer.

Sköterskan kommer in i rummet igen.

"Hur har vi det här då?" frågar hon.

"Jodå, VI har det jättebra. VI har fått besök av vår son!"

"Jaså, vad trevligt", säger sköterskan som inte uppfattar mammas ironi. Hon läser av en siffra från droppställning-en, noterar den i sitt block och går.

Jag har tagit med te, som hon inte får dricka, för hen-nes mage måste hållas ren inför en röntgen imorgon bitti. Men hon vill ändå att jag gör en kopp, så att hon kan dofta på det.

"Jag minns när jag kom hem från Kina och hade med mig kinesiskt te till dig. Men då var du inte intresserad."

"Nej. Jag har börjat gilla te först under senaste året", svarar jag.

"Du skulle ha följt med till Kina. Det var en otrolig resa."

"Jag förstår det."

Mamma har satt sig upp lite i sängen. Hon halvligger där med sitt te och doftar på det.

"Vi har aldrig rest iväg nånstans, bara du och jag."

"Nej. Vi har aldrig fått till det."

"Det är tråkigt att det blev så", säger mamma.

"Ja", svarar jag. "Men det är inte kört än. Vi kan ju åka nånstans, bara du och jag, så fort du kommer härifrån."

"Det är min dröm. Det skulle jag verkligen vilja."

"Vi kan åka till Spanien."

"Gärna."

"Kommer du ihåg när vi bodde där? Jag måste ha varit väldigt liten, men det finns saker som jag minns så otroligt starkt därifrån."

"Du var tre år. Det är fantastiskt att du minns det."

"Jag minns allt, tror jag. Jag minns huset vi bodde i. Jag kommer ihåg att jag fyllde år och jag fick …"

"En kassamaskin."

"Kommer du ihåg den?"

"Det är klart jag gör. Du var besatt av den. Du ville leka med den hela tiden. Du ville ta med den när vi gick ut."

"Ja. Vi satt på golvet, du och jag. Du lekte med mig. Det var nåt med den där Spanienresan. Det var …"

Jag söker orden, men jag hittar dem inte, för känslan är ännu så diffus. Det är som att det hände något i Spanien, en viktig pusselbit som lades där, men jag har glömt bort vad det var. Jag minns allt, men jag kan fortfarande inte lista ut varför det är så viktigt för mig.

"Vi hade det bra", säger jag.

"Du älskade att åka bil. Niklas hatade det och blev åksjuk, men du ville inget annat. Du brukade stå vid bilen och bara vänta på att vi eventuellt skulle bestämma oss för att åka nånstans. Vi hade en hyrbil. En Renault. Men du kunde inte säga Renault, så du kallade den för Önenånen."

Mamma skrattar till.

"Du stod där vid bilen och ropade: Önenånen! Önenånen! Och när du inte fick som du ville så blev du tokig."

"Det minns jag inte."

"Vi hittade en sköldpadda i buskarna utanför vårt hus. Du blev så rädd att du började gråta. Sen den dagen ville du alltid att jag skulle bära dig. Så jag bar runt på dig från morgon till kväll i den där trädgården. Så fort du hörde prassel från buskarna så bröt du ihop av skräck."

Jag skrattar.

"Ja. Jag kommer ihåg att du höll om mig mycket", säger jag.

Det är minnen av absolut närhet, som om vi satt ihop, jag och mamma. Vi badar i en pool och mamma försöker få mig att flyta själv med mina puffar, hon släpper försiktigt taget och säger: "Du kan ju!" Men jag får panik och mamma kommer snabbt tillbaka. Hon lägger mina armar om henne och säger: "Jag håller dig, jag håller dig."

Mamma lägger en hand på min.

"Vi behöver inte åka på nån lång resa, men kanske kan vi ses, bara du och jag. Äta middag. Gå på teater."

Hon kramar min hand.

"Vi kan prata med varandra", säger hon.

Jag och mamma ska se Dödsdansen ikväll och jag vill hedra stunden, vara fin för henne. Jag tar på mig skjorta och slips och kavaj. Det är första gången någonsin som jag och mamma går på teater tillsammans. Jag har ordnat de bästa platserna i huset, rad ett på parkett, i mitten.

"Vi sitter så nära att vi kommer att få Mikael Persbrandts saliv på oss", ropar jag i telefonen.

"Nej tack", skrattar mamma.

Hon kommer hem till oss innan. Jag har frågat henne om jag ska hämta upp henne, men hon vill gå själv. Och nu står hon där i dörröppningen. Jag vet inte när jag såg henne så här snygg senast. Hon har sin röda kavaj med ett matchande läppstift. Hon har gjort sig fin i håret. Vi kramar varandra och redan innan hon hunnit ta av sin rock utbyter vi det mantra som inlett alla våra samtal sedan hon kom ut från sjukhuset för en vecka sedan:

"Inte ont?" frågar jag.

"Inte ont", svarar hon.

Fem dagar helt utan smärta. Läkarna kan fortfarande

inte lista ut vad det var som hände. Men det spelar ingen roll – för mamma mår bra nu. Och hon äter numera med en aptit som jag aldrig sett förut. Jag och mina bröder har fyllt hennes frys med färdiga gourmetportioner från Picard. Varje kväll skriver hon ett meddelande med en rapport.

"Ankan var himmelsk. Och jag åt upp alltihop. Nu blir det glass till efterrätt. Puss"

Vi dricker en kopp kaffe tillsammans med Amanda i köket. Mamma är rädd om sin mage och vill ha mjölk i kaffet. När Amanda häller i mjölken ber mamma om lite mer. "Jag vill ha kaffet protesfärgat", säger hon och jag fnissar lite åt beskrivningen. Charlie kommer in och kryper upp i farmors knä och visar en teckning som hon gjort.

Vi går ut i den ogästvänliga februarikvällen, vi vandrar arm i arm till Karlaplan och Maximteatern. Sorlet i salongen precis innan lamporna släcks. Vi sitter precis i höjd med scenen, jag kan varenda liten repa i det där golvet. Här stod jag varje onsdag till lördag kväll under den värsta perioden, tiden precis efter den där eftermiddagen när mamma inte ville titta på Frances. Jag sitter där bredvid mamma och väntar på pjäsen och tänker att jag skulle vilja berätta för henne om alla de där gångerna när jag nästan inte kom upp från scengolvet innan föreställningarna. Jag vill dela med mig av det till henne, för den tiden var den värsta i mitt liv. Men det går inte. Eller: jag kan inte. Det är ett och ett halvt år sedan mamma blev nykter och det är så mycket som har hänt sedan dess mellan oss. Vi är närmare varandra än på länge. Men ändå har vi inte ens börjat prata med varandra.

Jag vill att hon ska veta hur det var för mig, allting. Jag vill berätta för henne om när jag var pojke och hon var mamma. När hon låg där i sängen i sitt sovrum om dagarna – jag vill att hon ska veta hur det var för oss på andra sidan dörren. Jag vill att hon ska förstå hur sviken jag kände mig. Jag vill fråga henne om den där gången då jag mötte henne uppe på grusvägen och hon körde förbi mig. Jag vill inte anklaga henne, men jag vill berätta om hur ledsen jag blev och jag vill veta varför hon gjorde så där mot mig. Och jag vill att hon ska ge sin version av sitt liv. Vad var det som hände med henne, från första början? Jag vill höra allt. Jag vill att hon berättar sina första minnen för mig. Jag vill höra hur hennes föräldrar var, jag vill veta när hon var glad och ledsen. Jag vill förstå, men då måste hon dela med sig av sig själv.

Jag och mamma pratar med varandra, men vi pratar ändå inte med varandra, på riktigt. Det känns ibland som att vi hela tiden förbereder oss för det. Som att vi gör planer för att *kunna* prata med varandra. Häromkvällen skickade hon en Hemnetlänk till mig. Den gick till en gård i Sörmland. Hon skrev ett meddelande: "Den här kan vi köpa tillsammans. Mest du – jag kan bidra med en liten slant. Jag kan bo i annexet." Det är som att hon säger: När vi bor där tillsammans, då kan vi prata. Dagen efter att mamma blev utskriven från sjukhuset åkte jag hem till henne. Vi drack te. Mamma tände ljusen i de där fina värmeljushållarna i mässing. Vi satt länge i köket, men ingen av oss nämnde något av det vi varit med om de senaste trettio åren. Jag berättade inte hur jag mått genom åren. Och hon berättade inte hur hon mått.

Allt vi varit med om tillsammans.

Vi sa inte ett ord om de sakerna.

Jag lämnade över ett kuvert till henne den kvällen. Det var utskrifter på två flygbiljetter till Malaga. Vi ska tillbaka till Spanien, jag och hon. Ännu en plan för ett samtal – i framtiden.

Mikael Persbrandt kommer in på scenen och publiken tystnar. Och jag tänker på det igen – hur jag och mamma träffas, och tystnar. De pratar på scenen, men vi tiger i mörkret. Våra samtal ligger hela tiden i framtiden.

Vi är väl rädda båda två. Försiktiga generaler. Man ska inte vara så hård mot oss. Ge oss lite tid, bara.

Vi vill det ju båda.

Vi vill det verkligen.

Vi har fått den här möjligheten att börja om och den ska vi ta. Vi känner hur vi rör oss mot varandra. Det är dags nu.

Detta är år noll.

Vårt liv börjar nu.

Sedan går allt så fort.

Jag hinner inte med att tänka, hjärnan ligger hela tiden tre sekunder efter allt som händer. Det går inte att ordna minnena, ens i efterhand.

Det är en grå förmiddag, det duggregnar. Jag åker genom Stockholm utan att se en enda färg. Jag kör för fort på Nybrogatan, till höger på Sibyllegatan och sedan vänster på Riddargatan. Jag manövrerar i hög hastighet upp bilen på trottoaren och parkerar den precis utanför mammas port på Skeppargatan 10. Jag springer upp för trapporna och öppnar dörren till hennes lägenhet. Där ligger mamma i sängen, i något tillstånd mellan sömn och vakenhet. Hon vet att jag ska komma och har gjort sig i ordning så gott hon kan. Hon har skor och jacka på sig och handväskan ligger bredvid henne. Hon har sagt på telefon att magsmärtan är så stor att hon knappt kan gå. Jag sa att jag ringer en ambulans, men det ville hon absolut inte.

"Det finns säkert hundra andra som behöver en ambulans mer än jag. Det är bättre om du kommer och kör mig istället. Om du orkar."

Jag försöker leda henne ut ur lägenheten, men det är svårt. Hon grimaserar illa för varje steg hon tar. Hon tar igen sig i hissen, står framåtlutad och håller i sig i ett räcke. Sedan går vi igen, ner för trapporna och ut till bilen. Jag kastar hela tiden en blick på henne under bilfärden, hon blundar, med rynkad panna. Det ser ut som att hon koncentrerar sig.

"När kom smärtan tillbaka?"

"Igår. Inatt."

"Varför ringde du inte redan igår?"

"Jag trodde det skulle gå över."

"Var gör det ont?"

Mamma svarar inte. Hon andas med korta andetag.

Vi kommer till Danderyds sjukhus, jag kör bakvägen till akuten. Mamma säger att hon inte orkar gå längre, så jag springer in och hämtar en rullstol. Jag kör henne snabbt mot akutens reception. Jag hör henne viska, mumla för sig själv: "Aj. Aj. Aj."

Det är kösystem. Tolv nummer före oss, men mamma har så ont. Hon måste ha hjälp nu. Jag går fram till en kvinna ur personalen och frågar om förtur och hon svarar att detta är en akutmottagning, här finns ingen förtur. Jag sätter mig ner och väntar med henne. Mamma blundar fortfarande, men är vaken. Efter en stund kommer det fram en sköterska. Hon lutar sig mot mig och säger: "Jag kan se att hon har väldigt ont. Ni ska inte behöva vänta här. Kom med mig."

Vi blir ledda till samma korridor som förra gången. Den här gången får vi inget eget rum, vi blir placerade i den långa raden av sjuklingar längs väggarna.

"Oroa dig inte, mamma. Det här är ju precis samma sak som sist."

"Jag har så dåligt samvete för att du hela tiden måste släppa allt och komma med mig hit."

"Sluta. Det är inga problem alls. Calle är på väg också. Han är här när som helst."

"Jag skulle bli så glad om du ville vara med mig, tills jag kommer ut från akuten. Du kan väl följa med upp till avdelningen? Och sen kan du åka hem."

"Jag har ingenting att passa. Jag stannar kvar."

"Vad gullig du är, älskling."

En sköterska kommer in och ska ge dropp. Hon förbereder sig med sin nål.

"Mamma är ganska tunn och har väldigt små artärer, det brukar vara svårt att hitta rätt med nålen", säger jag.

"Jaså. Jag är ganska van vid det här, jag tror att jag ska klara det", svarar hon.

236

Hon sätter sig på en pall och söker med handen längs armvecket. Hon sticker till, och missar. Mamma jämrar sig. Hon gör ett nytt försök, med samma resultat. Hon försvinner ut. Jag sitter bredvid henne och försöker att inte hamna i mörka tankar. Försöker hitta de hoppfulla tecknen. Mamma är ju vid mer medvetande den här gången än förra. Nu kan man prata med henne. Det är exakt samma symptom, så om bara några timmar kommer hon att må bättre.

Efter en stund kommer det fram en sjuksköterska och berättar att vi ska upp till avdelningen på en gång. Mamma blir lättad. De för in henne i en hiss och jag följer med. Precis när hissen öppnar sig så säger jag på skämt till mamma:

"Då så, här är avdelningen. Då sticker jag."

Mamma reser sig upp till hälften. Hon tittar förvirrat på mig, leende.

"Okej. Hej då, Alex."

"Jag skojar såklart."

Jag ville bara hålla stämningen uppe. Jag mår så dåligt över att mamma i ett par sekunder trodde att jag faktiskt skulle åka. Att hon trodde att jag hade det i mig att bara sticka.

"Jag är med dig hela tiden, mamma."

"Vad härligt", svarar hon.

Det har blivit rutin för mig och mamma att installeras på nya avdelningar på sjukhus. Förra gången saxade mamma intensivt mellan olika rum. En ny dag innebar en ny avdelning. Att byta rum är därför inte dramatiskt. Vi vet vad vi ska göra. Jag ställer vant in hennes väska i det skåp hon tilldelas. Jag tar fram fotografierna på barnbarnen Charlie, Tom Allan, Frances, Penny, Signe och Sven. Jag ställer upp dem bredvid varandra på hennes bord. Jag sätter hennes telefon på laddning och låter den ligga i hennes famn. Jag hämtar ett glas vatten och ett glas saft och placerar vid sängen. Jag ber personalen om en extra filt, för mamma fryser ofta om natten.

"Jag mår faktiskt lite bättre nu", säger mamma.

"Vad skönt", säger jag. "Ska jag gå ner och köpa kvällstidningarna och högläsa för dig?"

"Nej tack, det orkar jag inte riktigt."

"Vill du spela lite Wordfeud med mig då?"

"Nej. Jag vill bara ligga här. Men det är fint att du är här. Jag blir glad om du stannar en stund."

"Det är klart jag gör."

Mamma tittar ut genom fönstret, fingrar på någon av de slangar som plötsligt är en del av henne. Hon börjar gråta stilla.

"Varför blir det så här?" mumlar hon, mest för sig själv. "Vad är det för fel på mig?"

"De kommer att hitta felet. Snart så kommer du få penicillin. Allt kommer gå bra", säger jag.

"Det gör så ont", säger mamma.

"Tänk på Spanien. Tänk att snart är vi där. Vi ska gå nere i Puerto Banus och titta på båtarna, precis som när jag var barn. Du brukade alltid gå med mig ut till den stora piren, där de riktigt stora yachterna fanns. Och vi tittade in och du berättade historier om vad du trodde hände där inne. Att det var kungar och prinsessor som åkte i de där båtarna."

"Var det så?"

"Så var det. Tänk på resan så kommer du att må bättre."

Mamma tittar på mig och ler. Det är ett så fint leende. Det är fyllt av så mycket ömhet och kärlek.

"Puppentander", säger hon. Hon sträcker sig efter min hand. Hon viftar med den lite.

"Lilla Puppentander."

Restaurang Lilla Prärien har hört av sig till Niklas. De vill skicka blomster till begravningen. En stor bukett med texten: "Tack för alla fina stunder." Niklas berättar det för oss i förbigående när vi står utanför mammas lägenhet, han donar med mammas stora knippa för att hitta rätt nyckel.

"Fy fan vad smaklöst!" säger Calle.

"Varför det?"

"Det var ju där hon satt. Och drack."

"Äh. Sluta."

Niklas öppnar dörren och vi går in. Det är dagen före begravningen av mamma och första gången vi tre bröder besöker hennes lägenhet sedan hon dog. Om 24 timmar kommer flyttfirman som ska ta mammas saker till sopen och vi ska ses för att se om det är något som vi vill behålla. Det är en märklig sak att vara där. Tofflorna står kvar vid sängen. Sängen obäddad – så skulle hon aldrig lämna den om någon av oss kom på besök. En askkopp på soffbordet, med tre av hennes fimpar. Märken av hennes läppstift på filtret. En uppslagen Svenska Dagbladet på köksbordet, halva korsordet "Profilen" löst. En blyertspenna med bitmärken precis bredvid, kantigt vässad med kniv, som mormor brukade göra. Läsglasögonen prydligt undanlagda på nattygsbordet. Boken *Stoner* intill, med hundöra en tredjedel in. Det är som om mamma bara gått snabbt ut och handlat. Men också tecken på att allt inte varit som det skulle. Spår av illamående på toaletten. Alla medicinerna vid nattygsbordet.

Vi går igenom lägenheten och är överdrivet omtänksamma mot varandra. Vill du ha den här? Ta den om du vill. Nej, nej, det är bättre om du har den. Jag gör inte anspråk på någonting utom ett par värmeljushållare som står på mammas skrivbord. Varje gång jag kom till henne tände hon dem och sa: "Jag gillar de här. De ger ett så mysigt sken." Och det gjorde mig så glad att veta att mamma fortfarande uppfattade vackra saker, sköna saker, att hon ibland njöt.

Jag går ut på mammas balkong för att ta en cigarett. Jag röker inte längre, men sedan mamma dog har jag gett mig själv fri lejd: jag får röka hur mycket jag vill. Amanda säger ingenting om det, men jag märker att hon blir störd när hon ser mig komma på stan med Frances i barnvagnen, och en cigarett i handen. Men jag är i sorg och då

241

får man göra så här. Om det nu är sorg jag känner, jag vet inte riktigt. Det är som att jag är apatisk. Jag tog tunnelbanan häromdagen. Skulle till Östermalmstorg, men åkte för långt och upptäckte det först vid Karlaplan. Gick av tåget och tog nästa tåg tillbaka. Ännu en gång åkte jag förbi Östermalmstorg utan att tänka på det. Jag klarar inte av de enklaste sysslor. Min terapeut sa till mig: "Det finns ett tomrum i dig efter mamma som fortfarande tar mycket plats." Jag mumlar det för mig själv hela tiden, om och om igen.

Inne i mig finns ett tomrum som också tar plats.

Inne i mig finns ett tomrum som också tar plats.

Inne i mig finns ett tomrum som också tar plats.

En känsla av overklighet när jag ser korstecknet i DN och årtalet 2015 bredvid. Det är som att jag fortfarande inte riktigt kan begripa sakernas tillstånd. Att min mamma är död. Tranströmer skrev en dikt om fångarna på fängelsegården som spelade fotboll, och om den förvirring som uppstod hos dem när bollen flög över muren. På samma sätt känner jag när jag springer ut på en gata efter ett möte och fiskar fram telefonen för att ringa mamma. Den känslan har samma förvirring i botten. Mamma är oåtkomlig och det är obegripligt.

Kanske är det därför jag är så värdelös rent praktiskt.

Niklas har tagit allt ansvar för begravningen. Han har kontaktat alla mammas bekanta och informerat om begravningen på Skogskyrkogården. Han tror att det kommer över hundra personer, gamla kollegor från näringslivet, gamla vänner från teveåren, alla släktingarna. Han har bestämt psalmer och fikabröd till kaffet, han har valt ut präst och han har bestämt vilken melodi som ska spelas när kistan bärs ut. Han har ordnat med placeringen för kransarna i kapellet. Han har gjort allt.

Jag tittar in genom fönsterrutan, ser Calle och Niklas sitta på golvet med lådor framför sig. Det är som att jag ser scenen utifrån. Jag föreställer mig att jag passerar ett fönster på gatan och att jag tittar in. Där sitter två bröder i det dunkla ljuset och går igenom det som blivit kvar av deras mamma. De håller upp saker för varandra och placerar tillbaka dem på sina platser. Ljudlösa diskussioner. Ibland skrattar någon av dem. Det är något med hur de sitter på golvet i strumplästen, något med hur deras drag i ansiktet slätas ut när de upptäcker något föremål de inte sett på mycket länge som gör att de ser ut som pojkar igen, att de sitter där och leker med varandra, som i barndomen.

Jag går tillbaka in och ansluter till mina bröder. I en av lådorna finns en mängd fotoalbum. Jag trodde jag hade tagit del av alla familjens fotografier, men här finns flera album som jag aldrig sett förut. Ett album från en semester i Grekland, som jag över huvud taget inte minns. Och där finns också ett som heter "Spanien 1979". Jag bläddrar försiktigt i det. Det är otroligt, det finns alltså bildbevis på att det där faktiskt hände. Det är inte bara något som jag skapat i huvudet. Bild efter bild på mig i olika miljöer. Det skulle kunna ha varit pappa som tagit alla de här fotografierna på mig, för jag minns inget av dem, men ändå vet jag: det är mamma. Här finns också många bilder på mig och mamma tillsammans. På varenda en är det som om vi sitter ihop, som om våra kroppar var gjorda för att passa in i varandra. På en av bilderna bär mamma huvudduk. Hon trycker försiktigt näsan mot mitt bakhuvud. Jag tittar ut, jag har något drömskt i blicken. Den där pojken är trygg och orädd. Han vet ingenting om sorg eller rädsla. För ingenting har börjat ännu. Den där pojken var med om så mycket sedan, och den där mamman också. Det kom mörka år. Men året är 1979, på den spanska landsbygden. Där är en mamma som älskar sin son mer än något annat, och där är en son som älskar sin mamma.

"Nej, nej, nej, nej!"

Jag och Calle sitter försjunkna i fotoalbumen när vi hör

Niklas ljud från hallen. Vi hör genast att något har hänt. Vi reser oss och rusar mot honom, han sitter krum på stolen vid skrivbordet och tittar på ett papper i handen.

"Vad är det?" frågar jag.

Han svarar inte. Han vänder pappret mot oss. Jag känner omedelbart igen mammas handstil, och jag läser överskriften: "OM JAG DÖR"

Det är en A4-sida utriven ur ett kollegieblock. Texten är skriven på formell svenska och rör endast rent praktiska saker om hur mamma vill ha sin begravning. I tydliga punkter förklarar hon att hon inte vill ha några gäster på sin begravning. Bara sina tre söner. Hon vill inte ha något begravningskaffe efteråt. Hon vill inte spela några psalmer. Och hon vill inte bli begraven i Stockholm, utan i Gustav Adolfs kyrka i Värmland. Vi läser brevet och sedan står vi tysta. Calle låter sin kropp falla ner i en av fåtöljerna.

"Jaha", säger Calle.

Och så åter tyst.

Jag tar upp brevet och läser det en gång till.

"Det är väl bara att göra som hon säger", mumlar Calle.

"Varför skulle vi göra det?" frågar Niklas.

"Varför vi skulle göra det …? Vad menar du?"

"Ja? Varför?"

"För att hon vill."

"Äh! Nu får det räcka. Hon har ingenting att säga till om längre. Nu gör vi som vi bestämt."

"Men detta är hennes sista vilja", säger Calle. "Man går inte emot någons sista vilja."

"Hon har förverkat sin rätt till en sista vilja. Gömma ett brev i en låda och tro att vi ska hitta det. Begravningen är imorgon! Det är en dag kvar. Ska vi ringa upp alla gäster och säga att det är inställt?"

"Ja, det är precis vad vi ska göra!"

"Nej, det ska vi absolut inte göra!"

Calle reser sig snabbt från fåtöljen.

"Du är ju dum i huvudet."

Han stormar ut på balkongen, där han röker en cigarett hårt och skoningslöst. Niklas plockar vidare med pappren i skrivbordslådan.

"Jag har jobbat med det här i en månad", mumlar han.

Vi hittar en kompromiss sedan. Vi bestämmer oss för att låta begravningsgudstjänsten äga rum, men vi ställer in jordfästningen och kontaktar Gustav Adolfs kyrka i Värmland. Vi bestämmer oss för att ringa till mammas bekanta och berätta om hennes önskemål om en liten gudstjänst, bara för de närmaste. Men släktingarna får komma. Jag stoppar mina värmeljushållare i en påse och går ut i mörkret på Skeppargatan.

Jag är märkligt nedstämd på vägen hem. Det känns som att det här beskedet från mamma utgör ett sista meddelande till pappa. Hon har skrivit ett brev för att försäkra sig om att hon inte hamnar bredvid honom i jorden. Som att hon en gång för alla vill berätta: jag älskade honom aldrig.

Det gör mig så ledsen.

Gustav Adolfs kyrka. Den där lilla 1700-talskyrkan byggd i trä, de stående rödmålade plankorna, under det enkla spåntaket. Mitt emot glittrar sjön mellan björkarna. Gräsmattan utanför är så grön att den känns animerad. Där låg vi en gång på rygg, bara jag och mamma. Solen tittade fram och det susade i trädkronorna. Jag minns allt. Vi låg i eftermiddagssolen på lånad tid och åt kexchoklad. Och nu vill hon ligga där igen. Kyrkan var hennes tillflyktsort då och den blir det igen. Här får hon vara ifred. Det är en lång resa dit. Från Stockholm åker man via Västerås, Örebro, Karlskoga, mot Filipstad. Efter Filipstad tar man in på den lilla landsvägen, mot Hagfors. Man åker i fem mil. Ett par kilometer innan Geijersholm tar man höger på en ännu mindre landsväg, väg 245 mot Rämmen. Och sedan vänster på den där brokiga grusvägen som löper rakt in i skogen. Efter fem kilometer är man framme.

Fem timmars bilväg från Stockholm, vid en liten grusväg på gränsen mot Norge.

Här passerar ingen.

Hon kommer inte att få ett enda besök.

Inga blommor kommer läggas vid graven.

Kanske var det också hennes tanke. Det där brevet från mamma var en slutlig hälsning, ett sista sätt för henne att en gång för alla meddela oss söner: "Glöm mig."

Den 15 augusti 2015

Vi följer telefonledningen mot vattnet. Den branta backen ner, högt gräs som slår mot underredet av bilen, kvistar mot fönsterrutorna. Vi plöjer långsamt ner mot torpet och stannar bilen vid foten av huset. Vi stiger ur som nyvakna, sträcker på oss. Niklas, alltid rationell, packar genast ur bilen. Sätter på kylskåpet inne i köket. Kontrollerar hur högt vattnet ligger i brunnen. Calle går ner mot stranden, där det eventuellt finns mobiltäckning. Jag står kvar vid bilen och tittar ut över denna obegripliga plats. Båthuset nere vid bryggan. Den röda träladan med de vita knutarna. Stigarna som vi trampat upp genom åren, mot uthuset, mot stranden, mot ekan ute på udden.

Det är så märkligt hur något som förut var så självklart nu har kunnat bli så gåtfullt. Vad hände här egentligen? Vad var det som pågick? Var jag lycklig eller olycklig här? Det är omöjligt att veta. Jag hör sorlet från barndomen, ett stilla brus av röster som tisslar, men det går inte att höra vad någon säger. Det är bara ropen som går att urskilja, skarpa skall över vattnet.

Pappa står på en stege för att spika upp en teveantenn på hustaket. Ostadiga ben, stegen dallrar, jag håller i den där nere, fixerar den mot marken, som att det skulle hjälpa om han tappar balansen. Mamma ropar.

Var försiktig, Allan!

Niklas har en ny moped. Han har trimmat den, så den gör 70 på rak grusväg. Han varvar den vilt uppe vid jordkällaren, Calle står bredvid i bara kalsongerna och tittar på. Mamma sitter på uteplatsen och hon skriker något som dränks i motorljuden och hon springer fram och gestikulerar framför mopeden. Niklas stänger av, Calle tar ett steg tillbaka.

Jag blir tokig! Stäng av det där ljudet!

Vi lägger nät på den spegelblanka sjön. Signalfärger i ekan, en gul hink i durken och orangefärgade flytvästar över pojkkropparna. Pappa har halmstrå i munnen, han sträcker sig efter en boj som flyter förbi och så börjar han dra upp näten. Stora ögon. Pappa ropar.

Pojkar! Här finns fisk! Jag känner det, här finns fisk!

Mamma simmar ut i vattnet nere vid stenstranden. Pappa följer efter. Han kastar sig i med ryggen före, skjuter ut sig själv. Mamma och pappa håller om varandra i vattnet. Solen ligger rakt bakom dem och hela vattnet skimrar, så det är svårt att se. Jag kisar, byter förtvivlat

position där på stranden och spejar ut mot vattnet. Jag vill
så gärna se när de håller om varandra.

Kom i, ungar! Det är varmt i vattnet!

Jag och mina bröder hjälps åt att duka fram på uteplatsen.
Calle breder ut en solblekt duk över bordet. Oljiga glas
och matta tallrikar. En fotogenlampa som brukar hålla
fladdermössen borta när det mörknar. Niklas bär ut kräf-
torna, han har placerat dem i en ring på fatet, som en
kräftblomma, som vi gjorde förr. Vi slår oss ner på de
platser vi alltid haft runt det här plastbordet.

Jag tittar på Calle och Niklas. Här sitter vi, tre bröder,
så olika, men med en nedstämdhet i grunden som påmin-
ner om varandras. Tre pojkar som alltid vandrat sorgsna
genom livet. Niklas har knutit upp sin slips och hängt
den över sin stol. Vi jordfäste mamma för en timme sedan
och vi har fortfarande inte pratat om det. Men sådana är
vi, bröderna, vi behöver lite tid på oss. Vi har fortfarande
jord på händerna och inne i oss finns ett tomrum som
också tar plats.

Vi äter våra kräftor. Vänliga blickar över bordet. Calle
och Niklas har så fina ögon i kvällssolen.

Jag går iväg mot skogsbrynet för att kissa. Det är väl
något i muskelminnet som gör att jag hamnar precis här,

på den plats där jag alltid kissade om sommarmorgnarna som barn, borta vid aklejan. Jag hör mina bröder bakom mig och fylls av en sådan märklig ömhet för dem, den är nästan aggressiv. Jag tittar upp mot den täta skogen. Det finns en väg in precis här, en välkomnande skåra. Bekanta stenar som bildar en passage mellan stammarna. Här har jag gått hundratals gånger förut. Jag går in.

Skogen är torr, bark och kottar samlas vid foten av alla träd. Stora stenar reser sig som monument. Jag går upp till min gamla utsiktsplats, den där jag kunde blicka ner både mot dammen till vänster och bort mot ladan till höger. Jag sätter mig ner på en sten. Vattenpumpen råmar från huset. Ljudet av Niklas och Calles milda samtal där nere.

Då hör jag prassel, någon tar sig fram genom lövverket. Det är mamma. Hon går så lätt över stenarna, i sin sommarklänning. Hon kommer mot mig, vidrör varje träd hon passerar. Solen i hennes hår, det är som att hon lyser. Hon ler mot mig, lägger en hand på min kind och sätter sig bredvid mig på stenen. Vi sitter där, tittar ner för backen, vattnet glittrar genom träden. Myggor i solskenet över mossen. Hon tittar på mig.

"Är du ledsen för nåt?" Hon undersöker mig, lyfter försiktigt upp min haka.

"Var inte ledsen, gubbe."

Mamma lägger armen om mig. Jag lutar mitt ansikte mot hennes bröst. Så stryker hon handen genom mitt hår.

"Såja, älskling", säger hon.

Hon stryker handen genom håret, om och om igen.

"Såja", säger hon. "Gråt inte mer."